Laura Falconi

Piero De Martini
Un'esperienza nel design
1970-2000
A design experience 1970-2000

SilvanaEditoriale

Giuliano Bora, Milano
Rendering delle immagini di
Appunti per il futuro n.1
Rendering of
Appunti per il futuro n.1 images

Sebastiano Gentile, "Raphael
Design" Roma-San Pietroburgo
Riversamento e trattamento
delle immagini fotografiche
"Raphael Design"
Rome - Saint Petersburg
Conversion and treatment of
photographs

Le immagini Cassina sono state
fornite dall'Archivio Storico Cassina
/ Cassina's images are provided by
Archivio Storico Cassina

*L'autrice ringrazia gli autori
dei testi introduttivi / The author
would like to thank the following
people for contributing introductory
texts:*

Patricia Urquiola (testo in epigrafe
/ text in dedication)
Massimo D'Alessandro
Ugo Gregoretti
Barbara Lehmann
Simonetta Lux
Gianni Ottolini

E inoltre / Thanks also to:

Piero De Martini
Elena De Martini
Giorgio Falconi
Cosimo Gentile
Sebastiano Gentile
Gabriele Minguzzi
Agostino e / and Carla Pagano

"La Barca", Cassina, 1975
di Patricia Urquiola

Free Flow. Una zattera galleggia nello spazio diagonale trasformandosi in un luogo di riunione collettiva. È una riproduzione della "Barca" di Piero De Martini per Cassina: una seduta salotto per un ambiente conviviale e liberatorio, dove ciascuno può adattarsi confortevolmente in una dimensione senza limiti, priva di pareti e confini, dove il virtuale apre le porte a nuovi spazi dell'abitare.

"La Barca", Cassina, 1975
by Patricia Urquiola

Free Flow. A raft floats in the diagonal space, transforming itself into a place for coming together as a group. This is a reissue of "La Barca", by Piero De Martini for Cassina: a living room chair for a convivial, relaxed setting, where each person can get comfortable in a dimension without limits, free from walls and borders, where the virtual opens the door to new living spaces.

Il Design italiano attraverso i mutamenti degli anni settanta

Italian design during the changes
of the 1970s

Massimo D'Alessandro

Piero De Martini lavora sommessamente nel campo del Design italiano per circa un trentennio (1970-2000), con un suo ruolo appartato ma sempre elegante; prima di quel periodo, e successivamente a esso, non si occupa di design limitando la propria attività professionale all'ambito dell'architettura. Accanto a questo non interrompe, né prima né dopo, la sua passione per la musica. La sua storia, e una disamina completa e articolata dei suoi lavori nel campo del design, viene restituita dallo scritto di Laura Falconi, impeccabile come di consueto. Alla completezza di questo scritto non ho nulla da aggiungere; vorrei piuttosto dall'insieme del suo percorso tentare di trovare una risposta alla domanda sopraggiunta dopo aver letto il testo: perché De Martini interrompe ogni contributo al mondo del design dopo decenni di lavoro appassionato e dopo aver prodotto alcuni pezzi così significativi?

Le ragioni generali che probabilmente spiegano la fine del suo lavoro di designer nascono dal fatto che in quei trent' anni, mantenendo il baricentro dell'osservazione all'interno del nostro Paese, potremmo affermare che il mondo del Design italiano, quello a cui De Martini era così organicamente legato, cambia radicalmente: nei metodi, nelle finalità e nelle prospettive. All'interno di questa evoluzione, che a ben vedere matura soprattutto nel corso degli anni settanta, alcune grandi figure si prestano a rappresentare al massimo livello un modo di operare, ma solo in relazione a un certo periodo, mentre altri personaggi assumono approcci completamente diversi.

Risulteranno portatori di mutazioni culturali fondamentali e profonde proprio quegli anni settanta martoriati e confusi, ricordati quasi soltanto per la politica e il terrorismo.

Mettendo da parte ogni ambizione volta a restituire un quadro sistematico di eventi così complessi, ho ritenuto più utile citare episodi privati accanto a riferimenti storici, aggregando le questioni più significative.

Piero De Martini worked in the background of the Italian design industry for around 30 years, between 1970 and 2000, experiencing little recognition but always producing elegant work. Before and after this period, De Martini worked outside of design, limiting his professional activity to the field of architecture. His passion for music remained undimmed throughout his career.

Laura Falconi, impeccable as always, tells De Martini's story and offers a comprehensive examination of his work in the design sector. I can add nothing to such a complete work. Instead, I would like to try to offer an answer to the question I was left with after reading his story: why did De Martini cease to work in the world of design after decades of passionate work, having produced a number of extremely significant pieces?

One of the explanations for this probably lies in the fact that over the course of those 30 years, Italian design – to which De Martini was so organically linked – underwent radical changes in terms of methods, aims and prospects. During this evolution, which took place particularly in the 1970s, some big names came to represent the pinnacle of a particular way of working, but only in relation to a certain period, while other figures adopted completely different approaches.

The 1970s – that tormented, confused decade, remembered largely for its politics and terrorism – would bring with it cultural changes that were both fundamental and profound. Without aiming to provide a systematic overview of such a complex body of events, I believe it is useful to set out specific private anecdotes, together with historical references, focusing on the most important issues.

I will begin by discussing a particular type of designer – embodied, in my eyes, by Marco Zanuso, a wonderful character. I personally had the good fortune of meeting and spending time with him, on both an academic and friendly basis. I will never forget his curiosity for all kind of innovation in materials or techniques and his tales of things like using

Per iniziare a parlare di una tipologia di designer penso alla figura di Marco Zanuso, un grande personaggio; personalmente ho avuto la fortuna di conoscerlo e frequentarlo, sia come accademico sia come amico. Non posso dimenticare la sua curiosità per ogni innovazione di materiali o tecniche, i suoi racconti ad esempio sull'applicazione della gommapiuma nei divani autografi degli anni cinquanta e sessanta; quel materiale, rammentava, durante l'ultima guerra attutiva gli urti dovuti alle forti scosse cui erano soggetti i serbatoi di propellente degli aerei. Questo modo di lavorare caratterizza l'epoca fondativa ed eroica del Design italiano: l'evoluzione del progetto, dall'idea iniziale alla sua messa in produzione, si fonda da una parte su un designer, curioso innovatore di un Paese povero di tecnologie, dall'altra su piccole industrie-laboratori capaci di lavorare in team con il designer, svolgendo un ruolo fondamentale nello sviluppo del progetto. Centrale in queste aziende di piccole dimensioni e nelle industrie illuminate di quegli anni (Cassina, per fare l'esempio forse più importante) è la figura di abilissimi e intelligenti artigiani-realizzatori; essi si trovano a lavorare fianco a fianco con progettisti straordinari, capaci di proporre un'idea innovativa ma ancora non matura produttivamente, poi sottoposta nella collaborazione all'interno di queste aziende a un lungo processo di evoluzione e messa a punto finalizzato alla produzione di serie. Si tratta di un lavoro tra "pari", dove l'entusiasmo e la passione creativa, la ricerca di prodotti d'alta qualità compensa la fatica necessaria per arrivare a prototipi via via più perfezionati, spesso dimenticando il calcolo ingegneristico del tempo da dedicare a un progetto.

Dentro c'è l'ottimistico ideale di un artigianato industriale che vuole cambiare il gusto e inserire nelle case della borghesia illuminata mobili moderni (si noti che mentre alla fine degli anni sessanta si stimava al 70% il consumo di mobili di stile "classico" tradizionale, dieci anni più tardi quasi la stessa percentuale è

foam for sofas in the 1950s and 1960s. It was a material, as he recalled, that was used during the Second World War to cushion aeroplane propellant tanks.

This way of working marked the founding, heroic era of Italian design. Production development, from the initial idea to the finished product, was undertaken by a designer – the curious innovator in a technologically-backward country – together with small factories/workshops capable of working as a team with the designer. These facilities played a vital role in the development of a design. Central to the small companies and knowledgeable factories of the time (Cassina is perhaps the most significant example of this) were highly skilled, intelligent craftspeople and manufacturers. They worked side by side with extraordinary designers who proposed ideas that while innovative were not mature from a production perspective. The ideas were subjected to a long process of development within these companies, with a view to making them suitable for mass production. The work was done between "equals", where enthusiasm, creative passion and the pursuit of high-quality products made up for the hard work required to produce the perfect prototype. Often, the issue of the time required to fine-tune the project was forgotten.

Behind all this is the optimistic ideal of the industrial artisan aiming to change the tastes and introduce modern furniture into the homes of the enlightened middle classes (it is worth nothing that while at the end of the 1960s it was estimated that 70% of furniture bought was in the "classic" traditional style, ten years later almost the same percentage was made up of designer furniture). This furniture tended to be modular and – where possible – stackable. It was always highly innovative.

To add colour to this picture, we could list the names of the legendary Italian designers of the era, from Castiglioni to Magistretti via Frattini and Scarpa, against the backdrop of a country that was rapidly being rebuilt and transformed by the advent of the mass-production industry.

rappresentata da mobili di design), tendenzialmente modulabili, se possibile impilabili, comunque fortemente innovativi.

Ad articolare questa scena si potrebbero mettere insieme i nomi eroici dei grandi designer italiani di quegli anni, dai Castiglioni ai Magistretti, dai Frattini alla coppia degli Scarpa, sullo sfondo di un'Italia che si andava rapidamente ricostruendo e trasformando con l'avvento dell'industria per una produzione di massa. In una visione più generale comprendente anche l'arte, si potrebbe collocare in questo contesto la sublime eleganza dei tagli di Fontana nella Milano degli anni cinquanta e oltre, la "scuola romana" degli artisti di piazza del Popolo dell'inizio degli anni sessanta, fino alla premiazione di Rauschemberg alla Biennale di Venezia del 1964. Secondo Branzi, *voce narrante* del Design italiano, si trattava dell'"arrivo dirompente degli oggetti moderni, dei linguaggi pubblicitari e anche di una nuova tolleranza affettiva per il mondo come esso è oggi"[1].

Questo è il mondo che appartiene a Piero De Martini, seppure contrassegnato da un proprio modo colto e un po' distaccato di vedere la vita, da una forte dimensione privata della cultura, in particolare attorno alla musica. Tale d'altra parte era il clima entusiasmante del lavoro che egli divideva con Francesco Binfarè a Meda, nel laboratorio Cassina, ad esempio nel corso della lunga gestazione del divano "La Barca" (1975) anche se in questo divano sono già presenti, nella ricerca di un ruolo di aggregazione per il mobile, divenuto più informale e di una gestione degli spazi attorno a esso più aperta, i semi dei movimenti sociali che stavano trasformando il Paese.

Come fotografia di un tipo di design, ma anche come cerniera verso ciò che sta cambiando, si può assumere la leggendaria mostra al MoMA di New York del 1972, organizzata da Emilio Ambasz, *Italy, the new domestic landscape*. Notava ancora Branzi: "…il Design italiano vi emerge come un fenomeno profondamente

Extending the picture to include art, we could add the sublime elegance of Fontana's slashes in 1950s Milan, the Scuola Romana group of artists based in Piazza del Popolo in the early 1960s and the success of Rauschemberg at the Venice Biennale in 1964. According to Branzi, the narrator of Italian design, this was the "explosive arrival of modern objects, the language of advertising and a new, sentimental tolerance for the world as it is today"[1].

This is the world to which Piero De Martini belonged, though he did have his own sophisticated and somewhat detached outlook on life, with culture – and particularly music – playing an important role in his private life. There was a buzz of enthusiasm around the world he shared with Francesco Binfarè at the Cassina workshop in Meda, not least throughout the long development process of the "La Barca" sofa (1975 – although the seeds of the social movements that were transforming the country were already present in this sofa, given the efforts made to bring people together through furniture, which had

become more informal and the spaces around it freer).

The legendary exhibition *Italy: The New Domestic Landscape* curated by Emilio Ambasz at the MoMA in New York in 1972 provided a snapshot of this type of design and officially acknowledged the new situation. According to Branzi, "Italian design emerged as a phenomenon deeply rooted within the contradictions of a country that had never been the real protagonist of modernity and a form of design that could not be defined as a particular style (like Scandinavian or German could). It lacked a singular methodology and was made up of conflicting trends, personalities and politics and produced by a weak – yet rampant – industry. These aspects together not only made it original and modern, but also represent its main strategy. It was a domestic situation very different to that put forward by Le Corbusier, Charles Eames or Richard Neutra"[2].

The exhibition took place a few years after the social and political movements of 1968,

radicato dentro le contraddizioni di un Paese che non era mai stato vero protagonista della modernità, un design non definibile in uno stile (come quello scandinavo o quello tedesco), privo di una metodologia unitaria, costituito da tendenze, personalità e politiche opposte, e prodotto da un'industria debole ma rampante; dati che nel loro insieme ne definivano non solo l'originalità e l'attualità, ma la sostanziale unità strategica. (…) Era uno scenario domestico già molto diverso da quello proposto da Le Corbusier, da Charles Eames o da Richard Neutra…"[2].

La mostra viene realizzata pochi anni dopo i movimenti sociali e politici del 1968; in essa convivono l'anima positiva del grande Design italiano degli anni cinquanta e sessanta con atteggiamenti più radicali e contestativi.

È a questo punto che vengono maturando grandi mutamenti, capaci di mettere in discussione per intero la concezione del design appena delineata e le sue specifiche modalità di realizzazione del prodotto.

L'ottimismo di un ordinato sviluppo sociale fondato sulla nascente industria italiana, che tuttavia aveva profondamente trasformato un Paese contadino in poco più di dieci anni, fornendo a esso anche nuovi modelli estetici elaborati da straordinari designer (nella maggior parte architetti di formazione), trova un evidente contrasto a livello politico nella ripresa degli scioperi nelle fabbriche e nelle contestazione degli studenti, soprattutto nelle università. Sintomi di un forte malessere e della sfiducia in quel progetto industriale emergono anche in altri settori culturali. Nel 1967 Germano Celant presenta a Genova la prima mostra dell'Arte Povera: dopo fenomeni culturali fondamentali provenienti da altri Paesi (la cultura Pop), il gruppo di artisti torinesi contribuisce "a segnare una rinascita originale dell'arte italiana, tutta basata sull'uso di materiali poveri, naturali, *fuori dall'idea di una modernità invasiva e programmata*; un'arte rivolta alla ricerca dei gesti semplici, antropologici, poetici, forti della loro umanistica incertezza"[3].

combining the positive spirit of the great Italian design of the 1950s and 1960s with more radical, rebellious attitudes.

This was a period of extreme change that called into question the very concept of design that I described above, as well as the specific processes involved in the manufacture of products.

The optimism for orderly social development based on the nascent Italian industry, which in just over ten years had profoundly transformed a rural country, producing new aesthetic models proposed by extraordinary designers (the majority of whom were trained architects), ran into strong political contrast as factory strikes and student protests resumed, particularly in universities. Symptoms of extreme malaise and a lack of faith in the industrial project were mirrored in other cultural sectors. In 1967, Germano Celant presented the first Arte Povera exhibition in Genoa. After the emergence of fundamental cultural phenomena in other countries (pop culture), the group of artists from Turin

helped to "bring about an original change of direction in Italian art, one based entirely on the use of simple, natural materials that were *outside of the idea of invasive, planned modernity*. This art searched for simple, anthropological, poetic gestures, strong in their humanistic uncertainty"[3].

With the atmosphere already incandescent in Architecture schools, Archizoom and Superstudio organised their first exhibitions in two art galleries in Florence and Pistoia (1966–67). Sergio Cammilli, the founder and owner of Poltronova, visited the Pistoia exhibition and then encouraged Ettore Sottsass to do the same. Poltronova later began producing Archizoom's "Superonda" and Superstudio's "Passiflora".

On a more general, urban level, at the end of the 1960s the Archizoom Associati radical design group began working on the "No-Stop. City", a theoretical city: "The hybrid metropolis stemmed from the complete overhaul of the central theorem of modernity, with the certainty that the chaos and contradictions

In un'atmosfera già incandescente nelle scuole di Architettura, a Firenze e a Pistoia Archizoom e Superstudio organizzano in due gallerie d'arte le prime mostre (1966-1967). Sergio Cammilli, fondatore e proprietario della Poltronova, visita l'esposizione di Pistoia e conduce Ettore Sottsass a visitarla. Poltronova mette in produzione la "Superonda" degli Archizoom e la "Passiflora" di Superstudio.

Su un piano più generale, quello del visionarismo a scala urbana, sul finire degli anni sessanta il gruppo "Radical" Archizoom Associati lavora alla "No-Stop. City", metropoli teorica: "La metropoli ibrida nasceva dal ribaltamento complessivo del teorema centrale della modernità, con la certezza che il caos e le contraddizioni presenti nella società erano destinate a scomparire nell'ordine del progresso industriale"[4]. Una città senza architettura, un tessuto continuo in espansione infinita, affida al design la definizione della crescita molecolare del tessuto interno.

Il lavoro sulla realtà urbana, presentato da Archizoom assieme al lavoro parallelo di Superstudio, avrebbe esercitato grande influenza anche a livello internazionale (basti citare Koolhaas).

Il rapporto Branzi-Sottsass sarà un elemento chiave negli anni a venire; Sottsass, peraltro, aveva negli anni sessanta svolto la sua collaborazione con la Olivetti in forme del tutto originali: "Si trattava della creazione nei laboratori Olivetti di un vero e proprio atelier di design dove i progettisti lavorano collaborando come *freelance*, il che permette loro di mantenere un'ampia autonomia creativa pur garantendo all'impresa una continuità nel lavoro…"[5]. Sarà un tratto importante di questo versante del Design italiano, marcato sin dall'inizio da una ricerca di uno spazio di scettica autonomia e indipendenza rispetto a scelte industriali rigidamente produttive. Non deve essere stato marginale nel percorso di Sottsass il dissolversi del progetto di Ivrea cui egli aveva lungamente lavorato disegnando sistemi modulari di computer a maglie ripetibili all'infinito.

present in society were destined to disappear as a result of industrial progress"[4]. A city without architecture – a continuous tapestry expanding ad infinitum – was entrusting design with dictating the molecular growth of the internal fabric.

The work on urban life by Archizoom – together with work by Superstudio – was very influential both in Italy and abroad (just think of Koolhaas).

The relationship between Branzi and Sottsass would be a key factor in the years that followed. In the 1960s, Sottsass had collaborated with Olivetti in a very original manner: "Creating in the Olivetti workshops was like being in a proper design studio where designers worked together on a freelance basis, which allowed them to maintain broad creative autonomy while guaranteeing constant work to the company"[5]. It would be an important period in this sector of Italian design, which had always been marked by a sceptical desire for autonomy and independence as opposed to rigidly production-related industrial choices. The

dissolution of the Ivrea project, which Sottsass had worked on at length, designing modular computer systems that could be repeated again and again for eternity, must have been a significant factor in Sottsass' career.

With specific regard to the production of objects, where the market was fractured as a result of different tones, styles, behaviours and cultures (there were now a number of different trend-based markets, as opposed to the single large market of the past), Italian design was the first to engage in the global renewal of the formal expressive style of the time: a move away from mass-produced objects and a poetic opening up to the imagination. This found a space in the freedom the designers had to experiment within independent workshops run by the designers themselves. Alchimia and Memphis, both of whom obtained international recognition, represent the pinnacle of this approach.

It is important to remember that the less explicit side of the new cultural reality that was taking shape was the crisis gripping the

Sul piano più diretto della produzione di oggetti, riferita a un mercato ormai frazionato in relazione a linguaggi, stili, comportamenti e culture diverse (mercati di tendenza, diversificati rispetto al precedente grande mercato unico), il Design italiano affronta in tal modo per primo il tema del rinnovamento globale del linguaggio formale espressivo di un'epoca: gli oggetti non come produzione seriale ma come apertura poetica all' immaginario. Ciò troverà il proprio spazio in quell'autonomia dei progettisti dall'industria che si realizzerà sperimentalmente all'interno di laboratori autonomi, gestiti dagli stessi designer: Alchymia e Memphis impersonano al livello più alto, e riconosciuto sul piano internazionale, questa storia.

È importante mettere in luce che la piega meno esplicita di questa nuova realtà culturale che va prendendo forma è la crisi del modello della vecchia industria di piccola dimensione, guidata da un imprenditore illuminato, articolata in fantastici uffici tecnico-artigianali capaci di quello sviluppo produttivo che era la base della collaborazione con il designer negli anni sessanta e settanta; figura che De Martini ha impersonato a un livello molto alto. In sostanza viene a cadere l'interlocutore tradizionale interno all'azienda per quel tipo di designer. Alla scomparsa di tutto ciò, abbiamo visto, corrisponde la nascita di poetiche nuove e lo spostamento verso immaginari inediti rispetto al design tradizionale.

Nel settore dell'arte, con parallelo anticipo sullo sviluppo dell'arte internazionale, alla fine degli anni settanta in Italia si diffondono con forza dirompente le prime immagini della Transavanguardia, promossa in questo caso da Achille Bonito Oliva, contrapposta al minimalismo americano per il recupero della figurazione storica dell'inizio del Novecento.

Vorrei suggerire al lettore una sintesi di tutto ciò, affidata solamente a due immagini, disposte artificiosamente una accanto all'altra, a rappresentare speranze e atteggiamenti che rapidamente vanno a darsi la staffetta in un Paese in cui tramontano i

old model of small-scale businesses, guided by ingenious entrepreneurs who ran fantastic technical/artisan offices capable of driving the production development that was at the heart of their collaboration with designers – such as De Martini himself – in the 1960s and 1970s. Essentially, the traditional main point of contact for that kind of designer within companies disappeared. As we have seen, the end of all of this corresponded with the birth of new poetic styles and a move away from traditional design in favour of new forms of creativity.

In the art sector, anticipating a trend which would later develop internationally, at the end of the 1970s Italy witnessed the first signs of the Transavantgarde movement, supported in this case by Achille Bonito Oliva. The style contrasted with American minimalism, returning to the historic figuration techniques of the early 1900s.

I would like to offer the reader a summary of all this by evoking two images, positioned artificially side by side, representing

the hopes and attitudes of a country where dreams of pervasive, general-use industrialisation were waning. The images depict two world-famous design objects: the "Cuboglass" television designed by Marco Zanuso in 1969 on one side and the "Tappeto volante" sofa designed in 1972 by Ettore Sottsass on the other.

These two design objects represent – in extreme, opposing terms – the passage between different ways of looking at the prospects and hopes of development of a country. Zanuso used the innovative transistor in his objects, which he designed for a brilliant producer, focusing heavily on the interface and typological invention. It meant he could design new products that were always clean and abstract, with the climax being this mysterious black cube that would only reveal itself as a television when it was turned on. One could say that this abstract use of form was a precursor to the smoothness and seductive, absolute perfection that many decades later would come to characterise mass-produced

sogni di un'industrializzazione pervasiva, di utilità generale. Si tratta di due prodotti di design famosi in tutto il mondo, il televisore "Cuboglass", disegnato da Marco Zanuso nel 1969, da una parte; il divano "Tappeto volante" disegnato da Ettore Sottsass nel 1972, dall'altra.

Due oggetti di design capaci di rappresentare in termini estremi e contrapposti un passaggio tra modi diversi di considerare prospettive e speranze di sviluppo del Paese. Zanuso utilizza l'innovazione dei transistor nei propri oggetti disegnati per un'industriale illuminato, esasperando la cura dell'interfaccia e l'invenzione tipologica; arriva a disegnare così prodotti nuovi sempre più puliti e astratti, fino a un misterioso cubo nero capace di rivelare la propria funzione di televisore solo se acceso. Si potrebbe dire che in questo modo, con l'astrazione della forma, anticipa la levigatezza e la seducente altera perfezione, molti decenni dopo, di quegli oggetti digitali per il consumo di massa che non saranno certo prodotti in Italia.

Sottsass con il suo "Tappeto volante" dà voce alla poetica dell'immaginario portando nei suoi oggetti le esperienze di molteplici viaggi in Oriente e gli echi della cultura beat, tradotta in Italia e diffusa da Fernanda Pivano.

D'altra parte in quegli stessi anni Boetti, rincorrendo i giochi sciamanici del doppio e delle coincidenze, apre il suo albergo a Kabul, novello Rimbaud; e Ontani, travestito da Cristoforo Colombo, attraversa l'Oceano, in uno degli infiniti ironici *tableaux vivants* attraverso i quali commenta a suo modo il progresso della cultura industriale.

[1] In Andrea Branzi, *La Casa calda*, Idea Books, Milano 1984, p. 51.
[2] Andrea Branzi, *Introduzione al Design italiano*, Baldini&Castoldi, Milano 1999, p.131.
[3] Andrea Branzi, *ibidem*, p.127.
[4] Andrea Branzi, *ibidem*, p. 137.
[5] Maddalena D'Alfonso, "La grande stagione del Design italiano", in A. Branzi (a cura di), *Capire il Design*, Giunti, Prato 2007.

digital devices produced very far away from Italy.
Sottsass, with his "Tappeto volante", gave a voice to the poeticism of the imagination, imparting his objects with experiences of his many journeys to the Orient and the echoes of beat culture, which had been brought to Italy and translated by Fernanda Pivano.
At that same time, Boetti – in a shamanic game of imitation and coincidence – opened his hotel in Kabul, like a modern-day Rimbaud. Meanwhile, Ontani, dressed as Christopher Columbus, crossed the ocean, in one of his countless ironic *tableaux vivants*, which he used to comment on the progress of industrial culture in his own personal way.

[1] Andrea Branzi, *La Casa calda*, Idea Books, Milan 1984, p. 51.
[2] Andrea Branzi, *Introduzione al Design italiano*, Baldini&Castoldi, Milan 1999, p. 131.
[3] Andrea Branzi, Ibid., p. 127.
[4] Andrea Branzi, Ibid., p. 137, Branzi, Ibid., p. 137.
[5] Maddalena D'Alfonso, "La grande stagione del Design italiano", in A. Branzi (curated by) *Capire il Design*, Giunti, Prato 2007.

Esperto in design, premiato con il Compasso d'Oro

Expert in design, honoured with the Compasso d'Oro

Ugo Gregoretti

Il testo che segue è stato dettato all'autrice del libro da Ugo Gregoretti. Pur impegnato nella lavorazione di un documentario, il famoso regista e uomo di spettacolo ha voluto elargire un dono inatteso. Sfogliate le pagine della monografia e chiesto qualche ragguaglio sui contenuti, egli illustrava all'impronta, con la capacità affabulatoria che gli è nota – dai toni umoristici e autoironici d'ingannevole leggerezza – un suo impegnativo contributo alla storia del design.

A Milano una nutrita redazione della Rai si era riunita per lavorare su designer in gran parte italiani (come i Castiglioni, Bellini, Mendini, Citterio e tutti quelli più noti e à la page fra gli anni novanta e il duemila), a eccezione di Philippe Stark e Bob Wilson. La sede milanese aveva già realizzato una notevole quantità di brevi servizi sul Design. Mancava, però, un conduttore che abbracciasse tutto questo materiale esistente, non avevano pensato a un nome. Del gruppo di lavoro facevano parte architetti milanesi, in particolare una coppia molto interessata a prendere in mano la conduzione, manifestando anche un certo comprensibile disprezzo nei confronti dei conduttori professionisti. Fecero un "numero zero" con questi due architetti come conduttori, riuscì un disastro. Quello di conduttore è un mestiere che non s'improvvisa. Pur avendo speso parecchi soldi nel fare questi servizi, in Rai sarebbero stati anche disposti ad annullarli, a non farne più niente. Un giorno che i redattori erano immersi in più acuti del solito torture e dubbi, passò di lì una giovane collaboratrice. Costei disse (senza neppure fermarsi), ma perché non provate Gregoretti? Mi telefonarono. Con cinque figli bisogna sempre avere degli introiti. Non sapevo niente di design, avevo frequentato un anno di architettura all'Università di Napoli. Ero a Bari per una breve messinscena di un'opera di Nino Rota (ne

The following text was dictated to the author by Ugo Gregoretti. Despite being busy with the making of a documentary, the famous director and TV host treated us to an unexpected gift. After flicking through the pages of the book and asking a few questions about its content, he proceeded to illustrate the great contribution he made to the history of design, in his trademark captivating style – funny and self-deprecating, with deceptive frivolity.

In Milan, a large RAI editorial team had come together to work on a project about a group of designers, the majority of them Italian (the Castiglioni brothers, Bellini, Mendini, Citterio and all of the other most famous designers around in the 1990s and 2000s), with the exceptions being Philippe Stark and Bob Wilson. The Milan office had already produced a substantial number of short programmes on design. However, they were missing a presenter who could bring all of the existing material together. They had no names in mind. The work group featured a number of Milanese architects, two of whom were very interested in taking on the presenting duties and felt a certain level of – quite understandable – contempt for professional presenters. The team made a pilot with the two architects as presenters, and it was a disaster. Presenting is a craft that you can't just learn off the cuff. Despite the fact that they had spent considerable sums of money on making these programmes, RAI was open to cancelling them and not going any further with the project at all. One day, while the editors were gripped by particularly torturous doubts, a young employee passed by and (without even stopping) said: "Why don't you try Gregoretti?" They called me. When you have five kids you have to ensure you always have an income. I didn't know anything about design, I'd done a year of Architecture at the University of Naples. I was in Bari for a short run of a Nino Rota opera in an open-air stadium – I was also responsible for the set design. I sensed the chance of some work immediately and told them that if they could

curavo anche la scenografia) in uno stadio all'aperto. Fiutai subito la possibilità di lavoro e dissi che se qualcuno riusciva a venire a Bari potevamo metterci d'accordo.

Venne circa una dozzina di emissari, capii che stavano con l'acqua alla gola. Accettai, concordammo il cachet e le date. Finita la mia regia d'opera allo Stadio della Fiera del Levante mi precipitai a Milano. Feci tutti gli adempimenti, firmammo. Dissi: "Adesso mi dovete spiegare cos'è il design". Facendo assegnamento sulle mie capacità d'improvvisazione m' improvvisai esperto in ben cinquanta designer diversi. I tempi dovevano essere stringati. La mattina andavo nello Studio Rai dove mi avevano preparato un menu di letture, ad esempio su Mendini: un osso duro, non si deglutisce. Scrivevo tutto su un volume. All'ora di pranzo andavo a mensa e nel pomeriggio registravamo una puntata. Con cadenza quotidiana, fra letture propedeutiche e conduzione propriamente detta (si trattava di una registrazione raccontata, non di una trasmissione in diretta), in due tranche e in cinquanta giorni divenni esperto di design. Il giorno prima non ne sapevo nulla e non me ne importava. Da quel momento in poi me ne ero innamorato. Tutto ciò serviva al mio eros privato. Ho fatto questo per quasi due mesi, illustrando in modo non stupido. I designer che a me sembravano spiritosi – i Castiglioni, Gae Aulenti – avevano un sostrato ironico. Mi sforzavo di trovare spunti addirittura comici per ravvivarne il profilo, ma sempre con correttezza scientifica. Ricordo una serie di torrioni realizzati per il muro esterno della Fiera di Milano, mi pare da Mario Bellini, che sembravano la Grande Muraglia, gli dissi che erano un'invenzione bellica. Costituivano un muro di cinta mancante, gigantesco. Non rammento l'anno di realizzazione. In seguito facemmo "interviste impossibili", già inventate da Umberto Eco, introdussi l'intervento audio. Sedevo a un tavolo con un assistente per mia scelta

send somebody to Bari, we could reach an agreement.

When around a dozen emissaries arrived, I realised that they really were in deep water. I accepted the job and we agreed on my fee and on dates. Once I had finished directing the opera at the Stadio della Fiera del Levante, I headed for Milan. I completed all the necessary procedures, and we signed the contract. Then I said: now you need to explain what design is to me. Drawing on my improvisation skills, I improvised myself into an expert on 50 different designers. Time was short. Every morning, I went to the RAI studios, where they would have prepared a reading list for me on designers such as Mendini – he was a tough one, hard to swallow. I wrote everything down in a book. At lunchtime, I went to the canteen, and in the afternoon we shot an episode. Every day, I did my preparatory reading and then read my script in two portions (it was a narrated show, not a live broadcast). In the space of 50 days, I became a design expert. The day before, I didn't know anything about it and didn't care. But from that moment on, I was in love. Everything fed my secret *eros*. I did this for nearly two months, explaining things in a non-stupid way. Designers who to me had seemed like wise guys – the Castiglioni brothers, Gae Aulenti – actually had an ironic undercurrent. I tried hard to find comic elements to raise their profile, while always maintaining scientific correctness. I remember a series of towers built for the outside wall of the Fiera di Milano, I think by Mario Bellini, which looked like the Great Wall of China – I told him that they were a war invention. They made up a gigantic, absent boundary wall. I can't remember the year they were built. Later, we made the "impossible interviews", a concept devised by Umberto Eco, with me introducing the audio. I sat at a table with an assistant who – by my own choice – was a bit uncouth and common. I invoked the spirit of a great architect of the past and asked him a series of questions. The Prince of Sansevero was something of an inventor (impermeable

Soggiorno di casa
De Martini, Milano,
1986 (foto Piero
De Martini).
The living room of
De Martini's house,
Milan, 1986 (photo
Piero De Martini).

un po' rozzo e plebeo, chiamavo lo spirito di un grande architetto del passato e gli rivolgevo delle domande. Il principe di San Severo aveva una verve d'inventore (fra l'altro, la stoffa impermeabile, la carrozza che procedeva ad acqua, con schiavi che muovevano gli ingranaggi). Oppure richiamavo l'inaugurazione della Tour Eiffel evocando il fantasma del progettista. Durante la lavorazione dei film i designer tornavano a trovarmi per conversare, Sottsass mi spiegò le origini del suo cognome, voleva dire letteralmente abitanti delle pendici; la sua famiglia aveva origini alpine poverissime, teneva molto a narrarmi le sue passate, personali difficoltà finanziarie, faceva parte della sua folta umanità.
Andare fuori tema è uno dei miei esercizi preferiti, è solo divagazione apparente. I due architetti sono rimasti nell'équipe ma molto ridimensionati. Hanno avuto una lezione d'umiltà. Alla fine quando sbaraccammo, dopo che erano stati proiettati i cinquanta film, a qualcuno venne in mente di riproporre una selezione da presentare al Mattatoio di Roma e lì il regista che li aveva firmati si impossessò del Compasso d'Oro (premio annuale per il design, nda) e a me non si fece il minimo riferimento. M'inquietai, ma come, vi ho fatto vincere il Compasso d'Oro, era stata una fatica notevole. Protestai con i milanesi, che prepararono un altro Compasso d'Oro. Andai a Milano e una signora gentilissima me lo consegnò, tornai a Roma tutto contento.

Infine, a conferma dell'acquisita esperienza nel campo, le note di Gregoretti sul lavoro di De Martini, con argomentazioni da storico del design.

Esaurito dai più noti esponenti del design – Ponti, i Castiglioni, Enzo Mari, Aulenti, Mendini, Bellini e altri – il repertorio di oggetti d'uso quotidiano cui attingere (la sdraio da spiaggia, il sellino o il manubrio da bicicletta, il carrello

fabric, a carriage that could travel on land and water, with slaves moving the gears, among other things). We also went back to the inauguration of the Eiffel Tower by invoking the ghost of the designer. While the films were being made, the designers would come and chat to me. Sottsass explained the origin of his surname to me: literally it meant inhabitants of the slopes. His family came from very humble origins in the Alps and he was very keen to tell me about his past and his financial troubles – it was part of his immense humanity.
Getting off topic is one of my favourite exercises – it only looks like digression. The two architects stayed in the team, but they had a new sense of perspective. They had been given a lesson in humility. When we cleared out, after the fifty films had been shown, somebody had the idea of presenting a selection of them at the Mattatoio in Rome. The director behind them was awarded the Compasso d'Oro [an annual design award], but no mention at all was made of me. I was annoyed – how could that be, I made you win the Compasso d'Oro, it was a real slog. I complained to them in Milan and they prepared another Compasso d'Oro for me. I went to Milan and a lovely lady presented it to me – I returned to Rome a happy many.

By way of confirmation of his experience in the field, Gregoretti made notes about De Martini's work, using arguments befitting a design historian.

After the foremost exponents of design – Ponti, the Castiglioni brothers, Enzo Mari, Aulenti, Mendini, Bellini and others – had exhausted the repertoire of everyday objects they could tackle (the deckchair, bike saddles and handlebars, carts for transporting furniture and the Louis XVI armchair, to name but a few of the best known), De Martini searched for and found design inspiration – as well as in India ("La Barca") – with the nomadic Tuareg tribe. Their taut tents provided ideas for the structure and

per il trasporto dei mobili, la poltrona Luigi XVI fra i più conosciuti), De Martini ha cercato e trovato i suoi spunti progettuali, oltrechè in India ("La Barca"), fra le tribù nomadi Tuareg, per le tende in tensione che hanno suggerito criteri strutturali e di rivestimento del divano Violoncello e della poltrona "Viola d'Amore" (Cassina). O in dispositivi per passatempi infantili: la lampada "Miraggio" (Venini) non è, in sostanza, che l'applicazione di un gioco infantile ("I chiodini") al campo illuminotecnico; servendosi, in aggiunta, di cannule già in uso presso le vetrerie.

La lezione dei maestri era andata, nel suo caso, a segno.

Tutto ciò, prima che la crisi economica (e d'idee) nel campo relegassero il Design italiano in una speriamo temporanea zona d'ombra, cui fa luminoso contrasto il tenace riverbero dei grandi predecessori.

upholstery of the "Violoncello" sofa and "Viola d'Amore" armchair (Cassina). De Martini also drew inspiration from childhood pastimes: the "Miraggio" lamp (Venini) is, in essence, nothing more than the application of a children's game ("Fantacolor", a mosaic pegboard) to the field of lighting. Moreover, it utilised tubes already used by glassmakers. The lesson of the masters had, in his case, sunk in.

All of this occurred before the economic (and conceptual) crisis relegated Italian design to what we hope is a temporary position in the shadows, in luminous contrast with the lasting impact of its great predecessors.

Piero De Martini e il pluralismo delle visioni nel catalogo Cassina

Piero De Martini and the pluralism of visions in the Cassina catalogue

Barbara Lehmann

Nell'ambito della produzione italiana del mobile, il decennio a cavallo degli anni ottanta fu caratterizzato dai flutti tumultuosi di un'intensa sperimentazione linguistica; forze travolgenti dalla diversa attitudine delinearono un pluralismo progettuale e seminarono profezie di futuro. Visioni da intendersi come critica alla società, ma anche punto di riferimento su cui orientare pragmaticamente la produzione.

Il rapido cambiamento del mercato richiedeva adeguamenti del prodotto capaci di cogliere con tempestività temi e contenuti sociali e culturali in divenire: la constatazione della complessità dell'*environment* fu interpretata in termini di diversificazione e austerità che divennero concetti chiave per una nuova strategia di progetto.

Da un lato fiorirono risposte che mutuavano dal mondo dell'arte la forte figurazione formale, adottando quindi un'ostentazione della forma rispetto alla funzione per veicolare con immediatezza significati metaforici e simbolici; dall'altro prevalsero proposte senza esasperazioni formali che interpretarono il concetto di austerità in termini di autenticità, cioè di schiettezza e semplicità figurativa.

Un importante numero di progetti declinò infatti il principio di autenticità nel senso di ritorno all'ordine con prodotti forniti di razionali giustificazioni secondo un'attitudine che privilegia la dimensione logico-metodologica per la realizzazione un modello destinato alla riproduzione seriale

Questo scenario è sintetizzato nel testo di presentazione dell'importante mostra del MoMA a New York nel 1972 *Italy, the new domestic landscape* che segnò l'apice della diffusione del Design italiano sul mercato internazionale e mise in evidenza che c'era un'idea diversa di modernità basata su direzioni differenti di

The production of furniture in Italy in the 1980s was characterised by tumultuous changes sparked by intense stylistic experimentation. The overpowering force of different attitudes led to design pluralism and sowed the seeds for the future. The visions that emerged were both critical of society and represented benchmarks against which to define directions in terms of production. The rapidly changing market required products to follow suit, in order to pick up on social and cultural themes and trends as they emerged. The complexity of this context was channelled into diversification and austerity, both of which become key concepts in the new product strategies.

From one side came responses that borrowed the concept of formal figuration from the world of art, prioritising form over function in order to convey metaphorical and symbolic meanings with immediacy. From the other came designs that did not dwell on form and instead translated the concept of austerity into authenticity – candour and figurative simplicity.

A significant number of projects interpreted the principle of authenticity as a return to order, with products created through rational, justified choices following an approach that prized logic and method in the production of models destined for mass consumption. This scenario is summarised in the introductory notes to the important *Italy, the new domestic landscape* exhibition, which took place at New York's MoMA in 1972. The exhibition represented the peak of Italian design's popularity on the international market and showed that there existed a different idea of modernity based on different strands of research – an Italian, polycentric way that saw design as a multi-faceted phenomenon.

The new landscape of Italian design was forged by home furniture objects products between 1962 and 1972, such as the "Soriana" armchair by Afra and Tobia Scarpa and the 932 armchair by Mario Bellini (both for Cassina), highly provocative soft furniture like the UP series by Gaetano Pesce for C&B or the pop design of the Pratone chair by Ceretti/

ricerca, una via italiana dalla natura policentrica che interpretava il design come fenomeno articolato.

Il nuovo paesaggio domestico italiano era rappresentato da oggetti per la casa prodotti dal 1962 al 1972, tra i quali la poltrona "Soriana" di Afra e Tobia Scarpa, la poltrona "932" di Mario Bellini, entrambi per Cassina o ancora gli imbottiti sicuramente provocatori come la serie "UP" di Gaetano Pesce per C&B o come il design pop della seduta "Pratone" di Ceretti/Derossi/Rosso e da micro-ambienti capaci di ricostruire attraverso modelli cerimoniali e rituali la vita domestica.

Tra questi ultimi è particolarmente interessante prendere in considerazione il progetto del "Kar-a-Sutra", un prototipo di automobile progettato da Mario Bellini e sponsorizzato da Cassina, Centro Cassina, C&B Italia, Citroën e Industrie Pirelli.

Un ambiente in movimento con una capienza di circa otto metri cubi, predisposto a un'infinità di azioni: si poteva entrare e uscire da ogni lato, viverci, da soli o in gruppo; gli elementi cuscino, che rivestivano integralmente l'interno dell'automobile, assumevano e mantenevano impronte e deformazioni impresse da corpi esterni dando vita a un campo plastico disponibile a ogni nuova configurazione d'uso.

Un progetto sintomatico dello spirito che permeava la cultura italiana del decennio: capacità visionaria, sperimentazione di forme, mutabilità e adattabilità. Caratteristiche che, con intensità differenziate, si ritrovavano in tutte le espressioni progettuali, che in taluni casi declinarono l'energia creativa verso un evidente rifugiarsi nell'ambito dell'utopia.

La mostra rappresentò infatti il culmine ma al tempo stesso una profonda riflessione del Design italiano per queste posizione estreme.

Alcuni anni dopo l'architetto Bellini formulò una possibile risposta: "Il design è

Derossi/Rosso. The sector created mini-environments capable of rebuilding domestic life in Italy through ceremonial and ritualistic pieces.

Of these, one of the most interesting is the "Kar-a-Sutra", a prototype car designed by Mario Bellini and sponsored by Cassina, Centro Cassina, C&B Italia, Citroën and Industrie Pirelli.

This flexible environment had a capacity of around eight cubic metres and lent itself to an infinite number of purposes. You could enter and leave from any side – you could even live in it, either alone or with a group of people. The cushions which completely covered the inside of the car, moulded themselves to external bodies and remained in their altered state afterwards, thus creating a fluid space open to any nature of use.

The project was symptomatic of the spirit that permeated Italian culture during that decade, a melting pot of visionary ability, experimentation with form, flexibility and adaptability. These characteristics – with differing levels of intensity – were found in all designs, and in some cases saw creative energy channelled into a clear pursuit of utopia.

Yet while the exhibition did indeed represent the culmination of this movement, these extreme positions also sparked a profound reflection within Italian design.

Some years later, Mario Bellini offered this explanation: "Design is dead. The funeral was held at the Museum of Modern Art in New York (at the "Italy: the new domestic landscape") exhibition… if it was idealistic to think it was possible to change the social and political context by offering a new way of designing our environment, it is futile and unrealistic in the long run to provoke shock and frustration by creating the illusion of "counter-design"… of turning away from the process of commodification in which everything ends up used up and cast aside. After all of that, given the fact that it is plainly necessary for us to live in homes and thus furnish them, I rediscovered the courage to try something that I don't think has been done for many years: DESIGN."

Lo studio nella
casa del designer,
Milano, 2011 (foto
Laura Falconi).
The studio in the
designer's house,
Milan, 2011 (photo
Laura Falconi).

morto; gli hanno fatto il funerale al Museum of Modern Art di New York (alla mostra *Italy: the new domestic landscape* nda); ...se è stata un'utopia pensare di modificare un contesto socio-politico proponendo un nuovo disegno dell'ambiente, è, alla lunga sterile e velleitario esorcizzare sgomento e frustrazioni illudendosi di fare del "contro-design", ...illudendosi di sfuggire al processo di mercificazione in cui tutto ciò finisce assorbito e ribaltato. Dopo tutto ciò, essendo banalmente necessario vivere in case e arredarle per viverci, ho ritrovato il coraggio di tentare un'operazione che non mi risulta sia stata fatta da molti anni a oggi: DISEGNARE. "

L'applicazione di questa impostazione teorica fu resa possibile grazie alla collaborazione con Cassina per la quale elaborò nel 1976 "Il libro dell'arredamento", una sorta di nuovo lessico generale dell'arredamento. Ne risultò un abaco articolato di prodotti, organizzato per tipologie con proposte diversificate in termini di materiali e finiture in riferimento alle diverse circostanze d'uso.

Entrambi i progetti di Mario Bellini furono sviluppati all'interno di Cassina, una azienda che ha sempre agito in prima linea per cogliere con tempestività temi e contenuti in divenire e determinarne l'avvento nel prossimo futuro. Un'azienda in cui pochissimi oggetti sono stati desunti da idee preesistenti o da moduli sperimentati diffusi: un'azienda la cui vicenda progettuale e produttiva può essere considerata come centrale nella comprensione dell'evoluzione e delle peculiarità del Design italiano.

Il progetto "La Barca" di Piero De Martini del 1975 si colloca proprio nel panorama culturale e produttivo appena delineato.

Confrontando gli schizzi che raccontano la versatilità dei progetti del "Kar-a-Sutra" e del sistema "La Barca" si osserva come in entrambi i casi l'elemento guida di strutturazione dell'idea sia proprio la ricerca di una risposta concreta ai

The application of this theoretical standpoint was made possible thanks to a collaboration with Cassina which saw him produce *Il libro dell'arredamento* [The Book of Furniture] in 1976, a sort of new dictionary of furniture. It led to a well-structured collection of products, organised by type with versions with different materials and finishes depending on the circumstances of use.

Both Mario Bellini's projects were developed internally by Cassina, a company that has always taken a first-hand role in latching onto emerging themes and styles and launching these in double-quick time. Within the company, very few objects were created by drawing from pre-existing ideas or tried-and-tested, widespread paradigms. Cassina's design and production ethos can be considered of central importance to understanding the evolution and peculiarities of Italian design. Piero De Martini's "La Barca" project (1975) belongs to the cultural and production context described above.

By analysing the sketches of the versatile "Kar-a-Sutra" and "La Barca" designs, it is clear that in both cases, the most powerful force guiding the elaboration of the design was a desire to offer up a concrete response to new, more informal social behaviours – to create spaces for groups, spaces for sharing. Both designs are the product of behaviours.

The concept of convention, which had taken root in previous years, was clearly overcome with a number of important contributions from Cassina.

Unlike the radical style of projects by Archizoom ("AEO") and Gaetano Pesce ("Sit Down"), who took an irreverent approach to form, aesthetics and material, "La Barca" mediated the informal attitude, which was characteristic of the new soft furniture once the advent of new materials had released it from the shackles of the existing paradigms, with the need to rediscover an analytical line of design and design rationalisation, which had parallely become consolidated during this period. Here, Cassina provided further opportunities for expression: the "Maralunga" sofa and

nuovi comportamenti sociali più informali: spazi per ospitare il gruppo, spazi da condividere; entrambi sono proposte di comportamento.

Vi è un evidente superamento del concetto di convenzionalità che si era affermato già negli anni precedenti nell'ambito di Cassina con importanti contributi. Rispetto all'anima Radical dei progetti degli Archizoom ("AEO") o di Gaetano Pesce ("Sit Down"), dove predomina una maggior spregiudicatezza formale, visiva e materica, il modello "La Barca" media il suo atteggiamento disinvolto caratteristico dei nuovi imbottiti svincolati dagli esistenti paradigmi formali, grazie all'avvento dei nuovi materiali, con l'esigenza di recupero di una linea analitica di progettazione e di razionalizzazione progettuale che si era parallelamente consolidata in tale periodo trovando anch'essa in Cassina altre possibilità espressive: un procedimento di progettazione autenticamente integrale che aveva avuto nel progetto del divano e poltrona "Maralunga" di Vico Magistretti del 1973 una straordinaria estrinsecazione. Un modello in cui l'innovazione non esibita, e quindi l'aspetto rassicurante e di estrema semplicità insieme alla magia del movimento, avevano costituito fattori di un incredibile successo.

Questo desiderio di immagini rassicuranti trovò un ulteriore espressione nel 1976 con i progetti di Bellini contenuti nel *Libro dell'arredamento*: una risposta alla voglia di personalizzazione del mercato secondo tipologie diverse che non si allontanano dagli archetipi nell'ottica di una formulazione di un sistema completo e organizzato, con soluzioni riferibili a specifiche esigenze. Una serie coerente di imbottiti costruiti industrialmente in pannelli con telaio di acciaio flessibile, realizzati in poliuretano schiumato ad alta densità e assemblati mediante speciali agganci alla base, con una cerniera lampo che corre lungo i lati dei pannelli per tutta l'altezza.

Una linea di pensiero che diverrà una guida di progettazione anche nei progetti successivi di Piero De Martini.

armchair designed by Vico Magistretti in 1973 represented the pinnacle of the authentic and integral design process. It was a model that did not flaunt its innovation: its reassuring and highly simple appearance – together with the magic of movement – were the foundations for its incredible success.

The desire for reassuring images was seen again in 1976 with designs by Bellini in *Il libro dell'arredamento*. These were a response to the market's demand for customisation, with different versions that did not stray too far from the original archetypes in order to create a complete, well-organised system with solutions designed for specific needs. One example was a coherent series of soft furniture made on an industrial scale using panels featuring a flexible steel frame and high-density polyurethane foam, joined together using special joins at the base, with a zip running from top to bottom along the sides of the panels.

This school of thought would become a guiding light for Piero De Martini's later designs.

Una lettera

A letter

Simonetta Lux

Cara Laura,
oltre che a causa di impegni che si prolungano oltre il tempo prescritto per la consegna di un eventuale mia nota iniziale per il tuo libro su Piero De Martini, vi è ben altro che mi costringe a ritirarmi da quell'adempimento. Infatti la lettura del tuo testo, con la tua sapiente disanima del processo creativo vero e proprio di De Martini, e in particolare l'importante capitolo su *Crisi economica o crisi di idee per il "Made in Italy"* mi ha precipitato improvvisamente su quanto da lungo tempo mi riprometto di scrivere – senza averlo mai fatto – cioè su quello che chiamo *pseudo design* (con sullo sfondo *star system* ed epigonismo) e che riguarda appunto la questione di fondo come la sintetizza il grande Enzo Mari, che tu giustamente citi: "Tutte le ragioni della qualità sono state dimenticate. Il design si è ridotto a essere lo strumento pubblicitario per la vendita"! Questione enorme, che ovviamente tocca l'arte o le arti in genere, divenute *strumento* per altro da sé. Non potrei farlo ora, in breve ma impegnativo contributo, non volendo essere né *laudator temporis acti* (Orazio, *Ars Poetica*,) come non sono, né condividere il *Resistere non serve a niente* di Walter Siti.
Lode a te per il tuo lucido testo su Piero De Martini e sul suo modello di creazione/progettazione incentrato sulla memoria critica dell'arte e sulla verità della vita.

Con stima e amicizia.
Un caro saluto,
Simonetta

Dear Laura,
Aside from the fact that ongoing commitments have meant I have missed the deadline to submit any foreword for your book on Piero De Martini, it is another reason altogether that forces me to withdraw from that task.
Having read your book, your expert analysis of the real creative process of De Martini, and in particular the significant chapter on *Economic crisis and a crisis of ideas for Italian manufacturing*, I was suddenly reminded of what I have been promising to write for a very long time – without ever having done so – about what I call *pseudo design* (with the *star system* and epigones in the background). It relates to the underlying question as summed up by the great Enzo Mari, as you rightly quote: "We have forgotten all of the keys to quality. Design has been reduced to an advertising tool to boost sales." It is a huge issue and one that obviously affects art and the arts in general, which have become *tools* for things other than themselves. I couldn't answer it now, in this brief but exacting contribution, as I neither wish to be *laudator temporis acti* [one who praises times gone by] (Horace, *Ars Poetica*), nor share Walter Siti's view that *Resistere non serve a niente* [Resistance is futile].
Congratulations on your excellent work on Piero De Martini and his creative/design model focused on the critical memory of art and the truth of life.

With respect and friendship.
Warm regards,
Simonetta

Risponde Laura, rammentando le osservazioni verbali di Simonetta (che ha creato e diretto per anni il Museo Laboratorio di Arte Contemporanea MLAC dell'Università di Roma La Sapienza, nda) sulla necessità di una formazione attiva per chi studia design.

Scrive infine Simonetta:
Mi hai tentato! Non inutile sarebbe, nei processi formativi dei giovani d'oggi, l'esplorazione e narrazione del rapporto col mondo scomparso di un certo artigianato che ha fatto la fortuna delle aziende italiane. Perché non è, quella di De Martini, una padronanza della tecnica e della tecnologia come valore in sé: d'altronde per la tecnica l'importante è sempre il *mode d'emploie*. In un momento in cui esperienza virtuale ed esperienza reale sono equivalenti e sempre più confuse tra loro, parrebbe difficile se non illusorio mirare all'attivazione del principio di verità dell'esperienza, sia quella diretta della propria vita sia quella – che è in genere malnota o addirittura ignorata – nel backstage del realizzare e del produrre. Eppure, in De Martini, memoria visuale e memoria musicale, la consuetudine mai abbandonata all'analisi di quelle esperienze ha indotto un'originalità creativa, non disgiunta da aspetti di sensorialità extra funzionale del suo design. Il piacere. Quanto del valore dei suoi "sistemi" di oggetti non discende dalla sua esperienza della musica di Chopin ad esempio, che egli (come vediamo nel suo libro *Chopin, le estati a Nohant*, Il Saggiatore, Milano 2016) ha intessuto con documenti e testimonianze del quotidiano vivere e creare?
Dietro l'immagine e l'oggetto di design vi è un'autobiografia e un sistema di

Piero De Martini
Chopin
Le estati a Nohant
ilSaggiatore

Laura replies, remembering the observations made by Simonetta [who set up and for years ran the Museum of Contemporary Art (MLAC) at the La Sapienza University of Rome] on the need for active training for design students.

Simonetta replies:
You're tempting me! It certainly would useful for the young people of today to explore – as part of their training – the relationship with the lost world of the particular type of craftsmanship that made Italian companies a success. De Martini is not just about his command of technique and technology in and of itself – the most important thing about technique is always the way one uses it. At a time in which virtual and actual experiences are equivalent and the lines between the two have become increasingly blurred, it would be difficult – if not misleading – to look at the principle of the veracity of experience, both

relazioni. Chi si accosta a questi temi per ragioni di studio può' trovare nella ricostruzione del processo che conduce dall'idea al prodotto finito uno stimolo attivo, il desiderio di approfondire e di conoscere. Una strada alternativa all'incubazione nella routine – priva di curiosità e di orizzonti – che conduce a un sempre più' diffuso estraniamento.

Tua,
Simonetta

in direct terms, with regards to one's own life, and in terms of what goes on behind the scenes – manufacturing and production – which is not very well known and sometimes ignored. And yet, with De Martini, visual and musical memory and the habit of constantly analysing those experiences result in creative originality that was not disassociated with non-functional sensory elements in his design. Pleasure. How much of the value of his "systems" of objects stems from his experience of the music of Chopin, for example, which he (as we see in his book *Chopin: Le estati a Nohant [Chopin: Summers in Nohant]*, Il Saggiatore, Milan, 2016) weaved into documents and records of the daily process of living and creating?
In design, behind images and objects lie autobiographies and networks of relationships. Those who put these themes together for study reasons may find a vibrant source of motivation, a desire to delve deeper and learn more, in the reconstruction of the process that leads from idea to finished product. It is an alternative path to that of remaining in the sage refuge of routine – deprived of curiosity and new horizons – which leads to an increasingly widespread feeling of alienation.

Yours,
Simonetta

Architetti-designer

Architects–designers

Gianni Ottolini

Una rilevante specificità del disegno industriale italiano, nato tardivamente (nel 1928, anno di nascita delle riviste "Domus" e "La casa bella", secondo Enzo Frateili) rispetto a quello di altri Paesi industrializzati, sta nell'essere stato progettato quasi totalmente da architetti, almeno fino alla comparsa a fine Novecento nelle università italiane delle Facoltà di Design distinte da quelle di Architettura. Non si tratta del "disegno del prodotto industriale italiano", come titola il celebre libro di Vittorio Gregotti (che comprende dal 1860 soprattutto macchine, mezzi di trasporto e utensili di netta matrice funzionale e tecnologica, propria degli ingegneri, e solo in parte i prodotti degli "architetti-mobilieri" di inizio secolo), ma del trasferimento nei prodotti d'uso di produzione seriale di quell'antichissima cultura estetica che lega in architettura l'*utilitas* (non la pura e oggettiva funzionalità, secondo E.N. Rogers, ma l'*essenza delle funzioni*, variamente interpretabile), la *firmitas* (l'interesse per la struttura, più o meno esibita, in rapporto alle proprietà dei materiali) e la *venustas* (la ricerca della bellezza, cioè della forma chiara e parlante del carattere vivente inscritto nell'opera).

Frutto di un'educazione unitaria sulle diverse scale del progetto di architettura (Urbanistica, Composizione architettonica, Interni) e sensibili alle necessità di superamento degli stretti codici formali del razionalismo, anche per le aperture storiciste di Rogers (che porteranno alcuni allievi ai revival del Neo-liberty e del Classicismo Postmoderno), dal dopoguerra gli architetti-designer milanesi sono guidati da Gio Ponti e poi da Carlo De Carli nel progetto degli interni, soprattutto domestici, e dei relativi prodotti d'arredo, che sono l'indiscutibile campo di trionfo a livello internazionale del Design italiano nella seconda metà del secolo. Sarà proprio De Carli a superare concettualmente le rigide divisioni disciplinari, ponendo lo *spazio primario del gesto e della relazione* con gli altri e

A key characteristic of the Italian industrial design movement, which came about later than it did in other countries (specifically in 1928, the year "Domus" and "La Casa Bella" magazines were founded, according to Enzo Frateili), was that it was almost entirely fuelled by architects, at least until Italian universities began opening faculties of Design that were separate from those of Architecture. It was not just the "Italian design of industrial products", like the title of Vittorio Gregotti's famous book (which, starting in 1860, comprises mainly cars, means of transport and utensils of a largely functional, technological nature, produced by engineers, and only a few products by the architects-cum-furniture makers of the early century), but the transposition of the ancient aesthetic culture which brings together *utilitas* (not just pure, objective function, according to E.N. Rogers, but the *essence of function*, something open to interpretation), *firmitas* (an interest in structure, which could be shown off to varying extents, and the relationship with material properties) and *venustas* (the pursuit of beauty and of the true embodiment of the living character within a work) in architecture into mass-produced everyday products.

As a result of a shared education in the various areas of architectural planning (urban, architectural composition, interiors) and an awareness of the need to overcome the old formal, strict rules of rationalism, partly due to Rogers' historic openings (which led some students towards the revival of neo-Liberty and Postmodern Classicism), after the Second World War the *architect-designers* of Milan, led first by Gio Ponti and then by Carlo De Carli, mainly designed domestic interiors and furniture items – undoubtedly the areas in which Italian design would triumph around the world in the second half of the century. It would be De Carli who went on to overcome the rigid conceptual divisions between the disciplines, making architecture about *space for movement and interaction* with others and with things, a focus on the *value of human beings* even in the tiniest details of life (such

con le cose, cioè l'attenzione alla *preziosità della persona umana* anche nei più minuti dettagli del vivere (come la necessità di appoggiare lateralmente la testa in una *bergère* rivisitata), e la *continuità* fra interni e esterni dello spazio *aperto per essenza*, a fondamento dell'intera architettura.

Un altro ruolo nevralgico per la formazione di questi giovani progettisti è stato anche il diretto rapporto col mondo artigiano del mobile promosso dai docenti di Interni (Franco Albini a Venezia coi mobilieri friulani, De Carli a Milano coi "centri di produzione" della Brianza), per verificare operativamente, modificare e perfezionare le proposte, in uno scambio fra ricerca e sperimentazione che sarà lo strumento essenziale di innovazione linguistica, tecnica e funzionale e insieme di modernizzazione tecnologica e di mercato dell'intero comparto produttivo. Quanto fosse essenziale questo rapporto di collaborazione con gli artigiani nella stessa attività professionale è testimoniato da Albini che, al ricevimento nel 1955 del Compasso d'Oro per la sedia Luisa, dichiarava di meritare solo il 50% del premio, il restante essendo da attribuire ai fratelli Poggi produttori.

Non si tratta solo della necessaria compresenza dei primi due dei quattro fattori costitutivi del disegno industriale, come schematizzati da Renato De Fusco nella sua storia del design (progetto, produzione, commercializzazione e consumo). Nell'accurata rivisitazione storica, di lungo periodo ma anche delle sue declinazioni congiunturali, del sistema produttivo del mobile italiano, che accompagna in questo libro di Laura Falconi la riscoperta della figura di Piero De Martini come uno dei protagonisti del design dell'arredo nei decenni settanta-novanta, il tema della collaborazione operativa fra aziende e progettista, soprattutto nella lunga fase di messa a punto dei prototipi, appare come centrale per spiegare l'alta qualità dei prodotti finali.

as the need to rest one's head laterally on a reinterpreted *bergère*).

Another key influence in the development of these young designers was the direct relationship with the world of artisan furniture encouraged by Interior Design teachers (Franco Albini in Venice with the furniture makers of Fruili, De Carli in Milan with the "production centres" of Brianza), as a way of testing, modifying and perfecting their designs. This fluid relationship between research and experimentation would become a vital driver behind stylistic, technical and functional innovation, encouraging the development of new technology and a more modern market across the entire production sector. The importance of this collaboration with craftspeople as part of the designer's professional activity is attested to by Albini, who – on receiving the Compasso d'Oro for the Luisa chair in 1955 – declared that he only deserved 50% of the prize, with the other half belonging to the Poggi brothers who had produced the product.

This is not just about the need for the first two of the four core elements of industrial design, identified by Renato De Fusco in his history of design (design, production, commercialisation and consumption), to be present at the same time. Thanks to Laura Falconi's meticulous historical analysis of the Italian furniture production sector (focusing on a lengthy period and including the sector's various trends), we rediscover Piero De Martini as one of the main protagonists of interior design between the 1970s and 1990s and learn that the collaboration between companies and designers was a vital reason behind the high quality of the finished products, especially during the long prototype development stage.

At the start of this period, there was a great variety of furniture products available on the market and within the wider culture, with design and production trends heading off in myriad directions ranging from the continuation of Modernism (as a methodology, not as a style: this was the case with De Martini, who was open to influences from

All'inizio di quegli anni si confrontano nella cultura e nel mercato prodotti d'arredo molto diversi, per una divaricazione delle tendenze progettuali e produttive, che vanno dalla prosecuzione del Moderno (come metodologia, non come linguaggio: è il caso di De Martini, aperto anche alle suggestioni che vengono da altri mondi dell'abitare), all'esaltata figurazione e sottolineatura decorativa in prodotti di piccola serie con forme riprese dalle avanguardie storiche delle arti visive (poi variamente intrecciate con suggestioni etnografiche, soprattutto dall'Oriente: è il Neo-Moderno), alla riedizione seriale dei mobili dei Maestri dell'intero secolo, riproposti all'uso per le loro intramontabili qualità materico-formali (ma frenate in quantità, per la loro incidenza sul fatturato globale di un'azienda leader come Cassina, per non compromettere l'apertura al nuovo).
Si consolida una divisione internazionale del progetto e della produzione che vede l'Italia rivolgersi alle fasce alte del mercato, il "per pochi" di uno dei settori dell'artigianato schematizzato nei primi anni ottanta da Enzo Mari col

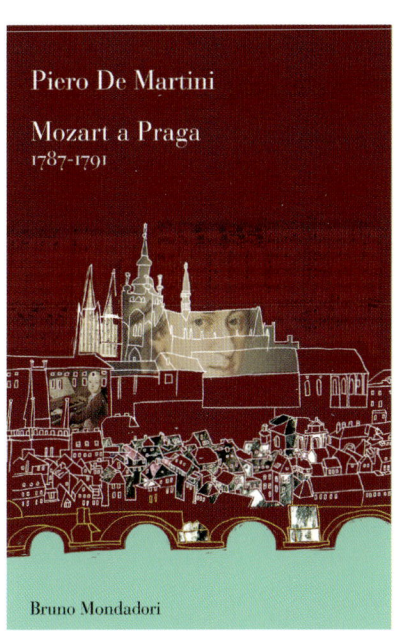

other, foreign forms of living), to overt figuration and decorative emphasis in small-batch products with shapes drawn from the historical artistic avant-gardes (which were later combined with ethnic influences, particularly from the Orient, in what is known as neo-Modernism). The period also saw the reissue of furniture series created by the masters of the 20th century, with the pieces brought back on account of their undimmed quality in terms of material and form (albeit in limited quantities, given their bearing on the global revenue of a leading company like Cassina, in order to prevent them from stunting new product lines).

Around the world, the division between design and production became more established. Italy increasingly targeted the higher, "elite" end of the market with an artisan sector described in the early 1980s by Enzo Mari, who recognised the transfer of *artisan skill* into the industry itself in the prototype production phase. This was something that Gio Ponti had been able to overcome in the post-war period thanks to

riconoscimento del passaggio di *competenze artigiane* all'interno dell'industria proprio nella realizzazione dei prototipi; un'utenza che peraltro Gio Ponti era riuscito a oltrepassare nel dopoguerra con l'economica e popolare sedia Leggera in frassino e paglia.

Le aziende, di diversa e mutevole dimensione ma mai grandissime e sempre interrelate, riescono allora a combinare l'*high-tech* di nuovi materiali artificiali "generati" (poliesteri rinforzati con fibre di vetro, poliuretani espansi, schiumature a densità differenziata eccetera) e di processi produttivi automatizzati all'*high-craft* di un'antica sapienza tecnica ed estetica sul trattamento dei materiali tradizionali (legno, metalli, pelle, tessuti); combinazione unita alla coraggiosa accettazione di originali interpretazioni dei bisogni profondi dei fruitori da parte dei progettisti e quindi alla proposta al mercato di nuove possibili gestualità e valori dell'abitare, individuale e con gli altri, rese presenti nella pubblicità e nei prodotti.

Mentre compaiono nelle sedi espositive (meno sul mercato) inusitati prototipi di blocchi d'arredo polifunzionali, interessanti ma a volte incompatibili con le stesse misure dei convenzionali spazi abitativi, a lato di semplici sistemi componibili a lastre piane e sofisticata minuteria di connessione per il settore dei mobili contenitori, dalla debole figurazione finale, la ricerca di De Martini mette a fuoco più volte interi sistemi di oggetti finiti, variamente aggregabili, che superano la distinzione fissata da Le Corbusier fra i mobili modulari che contengono oggetti e i mobili più organici che accolgono il corpo di chi abita. Divani, letti, un'ampia "barca" di soggiorno collettivo su supporto morbido con relativi complementi, fissi e mobili, aprono a nuovi assetti spaziali e comportamenti, all'inizio con una forte semplicità costruttiva e materico-formale e poi con una più complessa figurazione dinamica, che non esibisce i compositi aspetti strutturali

the cheap and popular "Leggera" chair in ash and straw.

Companies – which were of different, changing sizes but never huge and always interconnected – were able to combine the *hi-tech* nature of the new "generated" artificial materials (polyester reinforced with glass fibre, polyurethane foam, foams of different densities, etc.) and automated production processes with the *hi-craft* aspect of ancient technical and aesthetics expertise in the handling of traditional materials (wood, metal, leather, fabric). Added to this combination was the brave decision to accept original takes on fundamental consumer needs from design, opening the door to a world of possibilities in terms of living either as an individual or with others through advertising and new products. The showrooms (more than the market itself) began to witness the appearance of unusual, multifunctional furniture units which though interesting were at times incompatible with the size of conventional living spaces, together with simple, modular storage systems with flat surfaces and sophisticated connection mechanisms, and a weak overall design. De Martini, on the other hand, produced a series of complete collections of finished objects which could be mixed and matched in a variety of ways, transcending Le Corbusier's rigid distinction between modular furniture designed to contain objects and more organic pieces designed to accommodate people.

Sofas, beds, a large living room "boat" with soft supports and associated furniture accessories, both fixed and mobile, opened up new ways of laying out a space and new ways of behaving in it. In the beginning, this was marked by extreme constructional, material, and formal simplicity, but it gradually became more complex in terms of its dynamic figuration, overlooking the display of structural aspects in favour or more fluid shaping (for example, this paved the way for the flexible "water lily" compositions of one of the last armchairs designed for Cassina, rightly defined by Falconi as having enhanced the intimacy of the private sphere and of relations between people in living spaces, rescuing them from the outdated rules

a vantaggio di una maggiore organicità delle forme (ad esempio quelle che consentono le flessibili composizioni "a ninfee" di uno degli ultimi sistemi di poltroncine per Cassina, giustamente riferiti da Falconi a quel Settecento che esaltava l'intimità del privato e della relazione fra le persone negli spazi dell'abitare sottratti all'etichetta di corte). Questi dinamici caratteri formali ritornano anche in alcuni oggetti singolari in legno o vetro, qui ben documentati e anch'essi idonei a rientrare in un abaco delle riedizioni d'autore.

Nelle parti finali il testo ci ricorda che, già alla fine del secolo scorso, il mutamento culturale e imprenditoriale verso minori costi e più ampi mercati, con una diminuzione della qualità dei prodotti, ha sempre più ridotto le occasioni di lavoro e sperimentazione per i giovani progettisti, anche architetti, che oggi ormai si rivolgono a Ikea (con tutto il rispetto per quest'azienda e i suoi designer) per arredare i loro stessi spazi.

Forse ripercorrere questa storia degli arredi del secondo Novecento e della personalità di De Martini architetto, designer e musicologo, soprattutto da parte del mondo imprenditoriale e di qualche scuola che ancora crede allo stretto rapporto culturale che esiste fra disegno degli spazi abitabili e disegno degli oggetti che li attrezzano, potrà suggerire di riprenderne il filo e portarlo avanti con rinnovati prodotti di qualità per tutti i diversi abitatori dell'attuale nuovo mondo.

of etiquette). These dynamic formal aspects were also found in one-off wooden or glass pieces, both of which are well documented here and suitable to be included in the spate of designer reissues.

In the final sections, Falconi reminds us that by the end of the last century, the cultural and entrepreneurial shift towards lower costs and bigger markets was already underway. Product quality was reduced and opportunities for work and experience became increasingly limited for young designers and architects, who now turn to Ikea (with all due respect to the company and its designers) to furnish their own homes.

Perhaps, by revisiting the history of furniture in the second half of the 20th century and rediscovering De Martini as an architect, designer and musicologist, industry figures and educators who still believe in the tight cultural relationship between the design of habitable spaces and the design of the objects that live within them, will pick up the thread and move forward, creating new quality products for all inhabitants of the new world.

Sommario

Contents

40 Premessa
Introduction

58 Cassina, dalla produzione artigianale
alla nascita (e al successo)
della produzione industriale italiana del mobile
Cassina: from artisanal production
to the birth (and success) of industrial furnishing production in Italy

134 Anni ottanta, tenuta delle piccole
e medie imprese e nuove creazioni di De Martini per Cassina
1980s, the endurance of small to medium-sized
companies and De Martini's new creations for Cassina

164 Anni novanta: ragioni di una svolta nell'attività,
rapporti con altre aziende
Nineties: Reasons for a change in focus, relationships
with other companies

Premessa

Introduction

L'attività di designer di Piero De Martini è durata circa un trentennio. Si è svolta in un periodo di tempo molto vicino a oggi, poco indagato dal punto di vista storico. Rispetto a ciò, può assumere un valore documentario che va oltre l'esame dell'opera, sino a investire un rapporto fra progettista e sistema produttivo aziendale che ha subito profondi mutamenti, anche in conseguenza a una crisi economica di proporzioni internazionali.

Gli esordi nel design, verso la fine degli anni sessanta e l'inizio dei settanta (questi ultimi definiti a posteriori di "secondo miracolo economico") hanno riguardato l'ideazione (per C&B) di una sedia in plastica e di una poltrona che conteneva un letto. Modelli analoghi di poltrona erano già stati studiati senza trarne proposte definitive da designer come Tobia Scarpa e Mario Bellini. La sedia di De Martini, pur richiamando deliberatamente una tipologia di oggetti già entrati a far parte della più aggiornata produzione aziendale coeva non era priva di originalità.

Di lì a poco, l'autore realizzava per Cassina (ritornata all'assetto societario precedente la fusione con Busnelli) un sistema completo e modulare di mobili semplici e squadrati ("La Barca", 1975) concepiti per abitudini familiari e sociali più disinvolte che in passato, favorite da recenti conquiste di diritti civili.

Dalla seconda metà degli anni settanta in poi, con il manifestarsi dei primi inquietanti sintomi di una crisi economica nazionale che minacciava in prospettiva (prima e più ancora dell'arte) il design legato per sua natura al mondo delle imprese, De Martini ideava, ormai in rapporto stabile con la produzione Cassina, una serie coordinata di sedute e accessori per la casa di forme classiche. Al divano (1980) e ai tavolini "Naviglio" (1981) seguivano, così, il divano "Violoncello" e una poltrona ad alto schienale, "Viola d'amore". Risaliva al 1982 Il sistema modulare di scaffali e contenitori "Brera"; tre anni

Piero De Martini's career as a designer lasted for around 30 years. It took place in a very recent time, that has not yet been widely researched from a historical point of view. Beyond their value as design objects, his works are thus a testament to a relationship between designers and an industrial production system that has since changed extensively, partly as a result of the international economic crisis. De Martini's first steps in the world of design, towards the end of the 1960s and the early 1970s (which would come to be known as the "second economic miracle"), saw him devise a plastic chair and an armchair with a built-in bed for C&B. Designers such as Tobia Scarpa and Mario Bellini had previously studied similar armchair models, without however producing a finished project. Yet De Martini's chair – while deliberately referencing a typology of object that had already been incorporated into the company's latest production lines – was very original. Soon afterwards, De Martini created a complete system of simple, square-shaped modular furniture for Cassina (which had reverted to the company structure prior to the merger with Busnelli). The "La Barca" collection, 1975, was designed to accommodate more casual family and social habits than those of the past, reflecting changes brought about by the recent progress in civil rights.

From the second half of the 1970s onwards, with the emergence of the first signs of a national economic crisis which by default threatened the design industry (before and more seriously than the art sector), closely connected to the world of business by its very nature, De Martini – who by now had a stable partnership with Cassina – designed a matching series of classic seating and accessories for the home. The "Naviglio" sofa (1980) and side tables (1981) were followed by the "Violoncello" sofa and the high-backed "Viola d'Amore" armchair. The "Brera" modular shelf and storage system came in 1982, while the "Alcina" chair and "Ariante" table followed in 1985 and "Sampan", another seating system inspired by Oriental influences

dopo, la sedia "Alcina" e il tavolo "Ariante" precedevano, in ultimo, "Sampan" (1986), altro sistema di sedute d'ispirazione orientale, per rassicuranti atmosfere intime. Un ritorno al privato e all'ambiente familiare tanto più necessario in quanto, al tempo, manifestazioni di violenza legate al terrorismo riducevano gli spazi di libertà e di sicurezza della vita quotidiana; esiti che erano sembrati ormai acquisiti o a portata di mano risultavano, dunque, almeno in parte compromessi.

Verso metà degli anni ottanta e poco oltre l'economia del paese, già in fase di recessione, sfociava in una crisi di portata internazionale. In seguito alla scomparsa del proprio titolare (fino ad allora guida illuminata degli indirizzi produttivi) e, con l'inizio del decennio successivo, all'uscita di collaboratori d'importanza strategica, imprese già all'avanguardia nel settore del mobile come Cassina mutavano i propri dirigenti. Ciò avveniva impostando, per una transizione di durata indefinita e imprevedibile percorsi meno impegnativi che in passato e riducendo tempi e risorse destinati alla fase artigianale di definizione dei modelli.

All'interno delle aziende, e in generale nel design, l'ambiente non era certo più lo stesso del periodo aureo della storica ditta milanese. Chiusa quella non breve fortunata esperienza di collaborazione, per un designer abituato a concepire idee e soluzioni non su ordine di committenti, ma (secondo un metodo introdotto e messo in pratica negli anni venti del Novecento dalla scuola del Bauhaus) in base alla propria cultura e sensibilità, era necessario ricominciare da capo. Individuata l'azienda più adatta al proprio progetto occorreva, poi, comprenderne l'organizzazione e le esigenze, trovare l'affiatamento (e il tempo) per lavorare insieme alla corretta definizione del prodotto e, infine, ottenerne la più proficua ed efficace illustrazione al pubblico.

for calming, intimate environments, came in 1986. The possibility of retreating to private spaces, the family home, was all the more important given the episodes of terrorist violence that were infringing upon the freedom and safety of everyday life. This compromised – at least partially – achievements that seemed already made or within reach.

Around the middle of the 1980s, the country's economy – already in a recession – succumbed to the international crisis. Following the death of their owners (who up to this point had steered production policy), and – with the start of the following decade – the exit of key figures from the business, companies at the forefront of the furniture sector, such as Cassina, began to change course. For a transitional period of indefinite and unpredictable duration, they implemented procedures which were less demanding than those of the past, reducing the time and resources they dedicated to the artisanal design phase.

Within companies, and more generally within the design industry, the mood was no longer as certain as it had been during the golden age of Milanese industry. This brought the extended period of privileged designer–production company collaboration to an end. Designers, who were accustomed to coming up with ideas and solutions by drawing on their own culture and sensibility, rather than responding to client orders – following a method introduced and implemented in the 1920s by the Bauhaus – had to start over. Once they had identified the most appropriate company for their project, they had to get to grips with the organisation and its needs, strike up an understanding, find the time to work together to perfect the product and, finally, ensure that this was presented to the public in the most effective way possible.

Bereft of his preferred collaborator in Cassina, De Martini received interest from other players in the sector, including Molteni, for his modular seating systems ("Copernico", 1990). Despite these being just as practical and versatile as their forebears, after their

Privato dell'interlocutore ideale, De Martini incontrava l'interesse di altre industrie di settore, come Molteni, per sistemi modulari di sedute, "Copernico" (1990) che, una volta realizzati e prodotti, pur possedendo requisiti di versatilità e d'uso pratico analoghi ai precedenti non ottenevano, dopo una prima spettacolare presentazione, adeguato sostegno. L'impresa di Giussano aveva scelto di rivolgersi a un pubblico borghese medio-alto non troppo favorevole alle novità, incline a conservare le proprie abitudini in un panorama domestico di oggetti e riferimenti consolidati. Una linea produttiva divenuta caratteristica dell'azienda e rappresentata con continuità dal designer e consulente artistico Luca Meda, e che non lasciava spazio, nel suo evolversi, a creazioni di progettisti esterni. Non migliore sorte capitò in seguito alla poltroncina "Spring" (1997), raffinata, quasi astratta rielaborazione di modelli archetipi, con legittime ambizioni di protagonismo; presentata in catalogo come esempio insolito di seduta che pareva dotata di ali tanto risultava leggera (e di linea, a distanza di tempo, sempre attuale) subì improvviso arresto uscendo prematuramente di scena.

De Martini si era nel frattempo dedicato al disegno di oggetti singoli. Fra questi spiccava "Miraggio" (1985), una lampada (come già "Le Falene" per Arteluce, poi cedute a Casakit, che però costituivano un insieme articolato di apparecchi luminosi, da terra, da soffitto, da tavolo, da parete) inconsueta realizzata da Venini: onirica selva di cannule in vetro di Murano poste come grattacieli sul lago specchiato di una piastra metallica circolare. A riflettere, in molteplici rifrazioni e vibrazioni, la magia alchemica e ondivaga della luce.

Seguivano, nelle creazioni del designer, attrezzi domestici giocosi prodotti da Acerbis (nella serie "Morphos") e mobili senza particolare storia da Alivar, a

design and production, and after their early, spectacular presentation, the seating systems did not achieve adequate support. The Giussano-based company's upper-middle class target audience was not very inclined to try new things and instead preferred to stick to their habits in a domestic environment filled with traditional objects and features. This line of production had become the company's trademark – having been steadily carried forth by designer and artistic consultant Luca Meda – and left little room for the creations from external designers. The later "Spring" armchair and sofa (1997) suffered much the same fate. They were sophisticated, almost abstract reinterpretations of archetypal models, with legitimate ambitions to take centre stage in the company's catalogue. They were presented as unusual seats that almost seemed to have wings, such was their lightness (and, with hindsight, their contemporary design). However, this was brought to an abrupt end when they were suddenly pulled from production.

In the meantime, De Martini had dedicated himself to the design of individual objects. One of the standout pieces was "Miraggio" (1985), an unusual lamp (similar to "Le Falene" designed designed for Casakit, then sold to Arteluce, though these were a collection of various floor, ceiling, table and wall lamps) produced by Venini. The lamp – a dreamlike mass of Murano glass tubes arranged like skyscrapers over a mirrored lake created by a sheet of circular metal – created an infinite number of reflections and refractions, harnessing the alchemic, undulating magic of light.

The designer then went on to create playful domestic goods, produced by Acerbis (the "Morphos" series), and other pieces without much of a story behind them, produced by Alivar. The one exception to this was the elegant "Degas" chair (1998) (its profile gave the impression that it was dancing on its tiptoes, like a ballerina), of which only ten were made. "Sometimes that happened," was De Martini's brief comment on the matter. At

eccezione della sedia "Degas" (1998) di studiata eleganza (esaminata di profilo, dava impressione di danzare "sulle punte", come una prima ballerina classica) prodotta in soli dieci esemplari (conciso il commento dell'autore: "succedeva anche questo"). In un periodo di riduzione globale dei consumi e di difficoltà per la produzione industriale di elevato tenore nel campo del mobile (subentrato a due decenni di clamoroso raddoppio delle vendite dei beni di consumo) molti autori di design non solo italiani, come aveva preconizzato (o indicato, a parziale soluzione del problema) Alessandro Mendini, avrebbero cercato rifugio nell'operatività artistica (ispirata alla tradizione di un artigianato medioevale) "a tutto campo". Nella pratica, ciò implicava per molti di loro un ritorno al progetto di esemplari unici o in serie molto limitata, o alla decorazione. Così era avvenuto, in passato, in epoche di "protodesign" o agli albori del Design italiano, all'inizio del periodo razionalista. Nel frattempo, il secolo voltava definitivamente pagina e Piero, deluso dal nuovo corso, tralasciava (non senza qualche rammarico) il settore[1] per dedicarsi in modo esclusivo all'attività professionale di architetto, di recente conclusa.

Tratti personali di un designer

De Martini ha sempre operato senza enfasi, con understatement, al punto che in un divano di suo disegno ("Naviglio", Cassina, 1980) la struttura portante metallica della prima versione, dotata di autonomo appeal estetico (la ditta produttrice poteva con legittimo orgoglio dedicarvi intere pagine sulla rivista "Ottagono") e che certo non rappresentava la parte meno pregevole

a time when global consumption was on the decline and the high-end furniture production industry was entering choppy waters – following two decades of exponential growth in sales of consumer goods – many designers in Italy and elsewhere, led by Alessandro Medini (who had suggested this as a partial solution to the problem), sought refuge in the world of art, drawing inspiration from the medieval craft tradition. What this meant in practice for many designers was a return to designing one-off pieces or extremely limited editions or to decoration. A similar phenomenon had taken place in previous "proto-design" eras and in the early days of Italian design, in the early Rationalist period. As the end of the century approached, Piero, disappointed with the new direction the industry was going in, left the sector[1] to dedicate himself exclusively to the profession of architecture – though not without a heavy heart.

Personal traits of a designer

De Martini's work was always without emphasis, understated, to the extent that in the first version of a sofa he designed ("Naviglio", Cassina, 1980), the metal frame, which was aesthetically appealing in its own right (the production company was rightly proud to dedicate entire pages to it in "Ottagono" magazine) and was certainly one of the piece's most valuable parts, was invisible, hidden – this was changed in the finished version. De Martini was introverted and reserved, though he was just as capable of childlike enthusiasm, impulse and astonishment. Meeting him often left one initially perplexed or even disconcerted, inured – as one is by the media – to expect verbal onslaught and aggression on any topic. De Martini stripped things down naturally, reducing the long, complex process that guided him from idea to object into something simple and even obvious – within reach of everybody. He often attributed all the credit to the skill

dell'oggetto, era invisibile, celata "sottotraccia" rispetto all'esemplare finito. L'incontro con una personalità schiva e riservata come De Martini ma capace altresì di entusiasmi, slanci e stupori infantili può lasciare inizialmente perplessi o perfino sconcertati, assuefatti come siamo dai media a subire prevaricazioni e aggressioni verbali su qualunque argomento. De Martini sminuisce con naturalezza, riducendo il lungo e complesso itinerario che lo ha guidato dall'idea all'oggetto a qualcosa di semplice e perfino ovvio, alla portata di tutti; quando addirittura non lo attribuisca quasi per intero al merito e alle capacità degli artigiani che realizzavano i prototipi nelle aziende. Atteggiamento che non impedì a un ingegnere cinese dotato di non scarsa cultura (e per tradizione familiare partecipe di una civiltà millenaria) e sensibilità, all'epoca ricercatore all'Università di Wuhan (affidato alla tutela di chi scrive dal Dipartimento di Disegno Industriale di Roma La Sapienza nel 1993), inviato presso lo studio e l'abitazione del designer milanese di riconoscere nella sua opera una rigorosa attenzione ai materiali e l'espressione di un'indubbia ispirazione poetica. Al visitatore orientale fece impressione l'abitudine del designer di dedicare ogni mattina un'ora al pianoforte prima di iniziare la propria attività (fig. 1); al rientro nella capitale, pur astenendosi da commenti al riguardo, attribuì rilievo al dettaglio. Era come se nelle note musicali fosse racchiuso il segreto dell'armonia e dell'empatia degli oggetti veduti e uditi illustrare. Tutt'oggi, a oltre vent'anni di distanza, De Martini si esercita al pianoforte, dedicando la maggior parte del suo tempo allo studio dei compositori più amati. Egli considera tutto ciò il naturale risvolto e completamento della sua formazione di architetto che ha ricevuto un'educazione classica: idonea, grazie a una coltivata sensibilità, ad accostare senza dilettantismi altre arti liberali, come indicavano i maestri.

1. Casa De Martini, Milano, il pianoforte nello studio del designer, anni duemila (foto Laura Falconi). *De Martini's house, Milan, the piano in the designer's study, 2000s (photo Laura Falconi).*

and ability of the craftspeople who created the prototypes in the workshops. Despite this attitude, when one Chinese engineer of some cultural standing (he came from an important and ancient family line) and intelligence – a researcher at the University of Wuhan, entrusted to my supervision by the Department of Industrial Design of Rome's La Sapienza university in 1993 – was sent to visit the Milanese designer's workshop and home, he quickly recognised the great care shown to the materials and an unmistakeable sense of poetic inspiration. The Chinese visitor was struck by the designer's habit of spending an hour playing the piano every morning before starting work (fig. 1). Though he made no comment on this at the time, when he returned to Rome he recognised the importance of that detail. It was as if the musical notes contained the key to the harmony and empathy of the objects he had seen and learnt about. Over twenty years down the line, De Martini still plays the piano and dedicates the majority of his

Mutamenti d'indirizzo produttivo nel campo del mobile

Le aziende italiane celebri per la produzione di mobili e suppellettili non avevano, rispetto al periodo abbastanza recente nel quale si svolgeva il lavoro del designer, cessato l'attività. Passaggi di mano dalla dinastia fondatrice (di antica tradizione artigianale) a nuovi titolari provenienti da ambienti della finanza e una crisi economica di portata internazionale riducevano, piuttosto, con il passare degli anni l'abitudine della singola industria a investire risorse e tempo nello studio e nella fabbricazione di prototipi, per non esporsi a rischi o a perdite. Veniva meno, per quasi immediata conseguenza, l'importanza strategica della fase di collaborazione fra designer che sottoponeva l'idea originale e artigiani addetti alla fabbricazione dei prototipi. Alla manodopera, esperta in specifiche lavorazioni (falegnameria, carpenteria, assemblaggio) era affidata in ciascun reparto la traduzione pratica, dando modo ai progettisti (sempre presenti in tali situazioni), d'intervenire sui materiali, sulla struttura e sui più minuti dettagli, fino a influenzare e modificare, di comune intesa, la forma definitiva. Un processo ostinato e paziente di messa a punto che costituiva il dato identificativo più caratteristico di certa produzione nazionale. Le sue fortune nascevano, infatti, dal fino ad allora mai consunto binomio fra abilità ed esperienza delle maestranze e sostenuta vena creativa dei progettisti. Quando la produzione ha preso un indirizzo più strettamente utilitario e restrittivo De Martini non ha più provato interesse a proseguire nell'opera di designer. La trentennale collaborazione con l'industria di settore cessava nel momento in cui quest'ultima iniziava a richiedere progetti immediatamente esecutivi piuttosto che idee o studi grafici di artefatti alla cui realizzazione ottimale dovessero concorrere figure e competenze professionali di artigiani provetti, in un corale afflato creativo teso a ottenere i più alti risultati, anche in seguito a

time to studying his favourite composers. He considers this the natural development and completion of his training as an architect who received a classical education. Thanks to his sensibility, he has applied himself with considerable success to other liberal arts, as the masters prescribed.

Changes in furniture production

Despite the changes in the industry and in society, Italy's respected furniture production companies had not ceased to operate. The change of hands from the founding families (associated with ancient artisan traditions) to new owners hailing from the world of finance and the international economic crisis, over the years, had forced companies to cut down on the time and resources they invested into designing and producing prototypes, in an effort to avoid exposing themselves to risk or losses. The near immediate consequence of this was the reduction in the strategic importance of the collaborative phase in which designers worked closely with craftspeople to make the prototype of the original idea. These craftspeople – experts in specific fields (joinery, carpentry, assembly) – were tasked with putting ideas into practice, enabling the designer to make adjustments in terms of the materials, structure and minute details, even influence and change, by mutual agreement, the end form of the product. This patient, meticulous process had been the defining characteristic of furniture production in Italy, its success stemming from the winning combination of the skills and experience of master craftspeople and the creative nous of designers. As production started to go in a more utilitarian, restrictive direction, De Martini lost interest in being a designer. His 30-year relationship with the sector came to an end when companies began requesting projects that could be manufactured immediately, rather than ideas or graphic designs that required the input of expert professionals within a coherent

ripetute prove ed errori. Il mutamento d'indirizzo era stato radicale. Nel 1971, infatti, interpellato da una rivista di settore sul tema del mobile percepito come bene di consumo, dei relativi costi e dell'effimera durata, Franco Cassina[2], coerede e titolare dell'omonima azienda, aveva replicato che il costo totale del prodotto doveva includere la quota necessaria alla progettazione estetica (dall'idea del designer alla messa a punto del prototipo) e quella di progettazione industriale vera e propria. Scelte che – precisava – non comunicavano solo qualità, design, funzionalità, ma anche prestigio. L'imprenditore negava che la durata di sedie e mobili imbottiti (poltrone, divani) fosse di una sola stagione, come nella moda. Nel periodo, e per oltre un decennio ancora, l'azienda Cassina era (e sarebbe stata) all'avanguardia nel campo, sia per offerta di catalogo, sia per opportunità tecniche e sperimentali messe a disposizione di ciascun designer. Non è un caso che De Martini avesse trovato nella storica ditta lombarda l'interlocutore ideale per dare corso alla propria attività più significativa, fra 1970 e 1986: un progetto coerente, un insieme organico di soluzioni e proposte per l'ambiente domestico. Conclusa quella fase, rammentava a distanza di tempo, il suo design era diventato ideazione di oggetti individuali, non più sistema articolato che presupponeva e metteva in gioco un'intera visione del modo di vivere e abitare.

Qualche dato sull'autore: interesse per la musica popolare "colta"

Il rapporto di De Martini con la musica, che tanto aveva attratto l'attenzione del ricercatore cinese, ha radici molto lontane. Durante i primi incontri nello

creative process designed to achieve the best result possible, perhaps following a number of trials and errors. The change of direction was radical. In 1971, Franco Cassina[2], the joint heir and owner of Cassina, was interviewed by an industry magazine on the issue of furniture being perceived as a commodity, on the effects of this on the costs and shortened lifespan. Cassina replied that the total cost of a product should include a necessary share of the aesthetic design (the process of transforming the designer's idea into prototype) on top of the industrial design phase itself. He argued that this approach not only promoted quality, design and functionality, but also prestige. Cassina rejected the idea that chairs and padded furniture such as armchairs and sofas should last for one season only, as happened in fashion. At the time, Cassina was (and would be for a further decade) at the forefront of the sector in terms of both the breadth of its portfolio and the technical and experimentation opportunities offered to its designers. It is no coincidence that, in that

historic Lombard company, De Martini had found the ideal partner with which to produce his most important work, between 1970 and 1986. The partnership generated a coherent collection of products and solutions for the domestic environment. Years later, De Martini recalled that at the end of that period, he began to create individual objects rather than structured collections that embodied a whole vision of a way of life and living.

About the designer: his interest in "highbrow" folk music

The origins of De Martini's relationship with music – which had so struck the Chinese researcher – stretch back a very long way indeed. During our initial meetings in his Milan architecture studio, in a palazzo listed as a national monument in Porta Venezia's Via Malpighi (it was designed by Giovan Battista Bossi with input from some of the leading artists and decorators in the Art Nouveau

studio milanese di architettura, nel palazzo di via Malpighi a Porta Venezia, (figg. 2-3), monumento nazionale (progettato da Giovan Battista Bossi con l'apporto delle maggiori personalità di artisti-decoratori del periodo floreale, di Alessandro Mazzucotelli balaustre e cancellate) dove mostrava le proprie creazioni solo attraverso immagini patinate di riviste e di cataloghi coevi l'autore non vi aveva fatto alcun cenno. Molti di quegli oggetti (o prototipi) erano però stati inseriti fin dall'anno di fabbricazione nella sua abitazione privata. Da allora costituivano, insieme con pochi mobili di famiglia, il pianoforte a coda e qualche intervento estemporaneo per risolvere problemi di spazio nelle camere dei figli o in cucina (soppalchi praticabili di ridotte proporzioni con affaci, come in minuscoli teatri) l'allestimento domestico. Qui, a fine visita, osservando le pareti del soggiorno ricoperte da ordinate collezioni di dischi e l'impianto di ascolto musicale, chi scrive chiese se non ritenesse di essere stato influenzato in qualche modo dalla propria inclinazione all'esercizio armonico, dall'abitudine all'ascolto di suoni melodici. Dopo imbarazzate esitazioni, fermi dinieghi o vaghe ammissioni di possibilità interamente attribuite al caso, all'interlocutrice fu dato un volume, *Il Conservatorio delle Alpi*[3], autore e curatore lo stesso designer. Questi si definiva nella quarta di copertina "pianista e musicologo per passione", il libro ricostruiva (De Martini aveva riversato di persona su 23 supporti rigidi, prima di affrontare il tema, un materiale sonoro d'epoca inascoltato per decenni e che sarebbe altrimenti andato disperso) la Storia del Gruppo musicale SAT, includendo contributi di noti critici musicali in materia.

All'età di dieci anni, Piero aveva ricevuto in dono per Natale un disco (all'epoca in vinile, un 78 giri per grammofono) con incisioni di canti polifonici di quel coro. Molti decenni dopo, nel ripercorrerne le vicende fin dalla fondazione e rievocando la sua remota scoperta infantile, non ricordava più se fosse

period, including Alessandro Mazzucotelli who designed the balustrades and railings) (figs. 2-3), he made no mention of this, simply showing his creations in glossy magazines and period catalogues. Many of those objects (or prototypes) however are displayed in his home. In addition to a few items of family furniture, the grand piano and a number of improvised solutions to address space problems in the children's rooms and kitchen (small mezzanines like something out of a miniature theatre), these made up the home décor. At the end of the visit, on observing the lounge walls covered in carefully ordered collections of disks and spotting the music system, I asked whether the designer believed his work had been influenced by his habit of playing and listening to music. After much embarrassed hesitation, firm denial and vague admissions of possibility which he put down entirely to chance, he gave me a book, *Il Conservatorio delle Alpi*[3] [The Conservatory of the Alps], written and edited by De Martini himself. In the inside cover, he defines himself as an "amateur pianist and musicologist". The book traces the history of the SAT (Società Alpinisti Tridentini) choir, with contributions from notable music critics. Before working on the book, De Martini had transferred original audio recordings of the choir onto 23 discs. The recordings had not been listened to in decades and would likely have been lost had it not been for him.

At the age of ten, Piero had been given a phonograph record of polyphonic voice music from that choir as a Christmas present. Many decades later, looking back on his life and reliving that childhood discovery, De Martini could no longer recall whether it had been "the melody, with its melancholic withdrawal"[4] or the voice of the singer "which seemed to come from faraway, muffled by the fog, the mist, the snow, or that finale in which everything moved away and silence gradually returned"[5] that had so fascinated him. His mother "knew those songs (…) because she had heard them around 20 years earlier in Trento (…), at a conference of Catholic university students"[6].

stata "la melodia con il suo ripiegamento malinconico"[4] o la voce del cantore "che sembrava venire da lontano, attutita dalla nebbia, dalla foschia, dalla neve, oppure quel finale dove tutto si allontanava e gradualmente tornava il silenzio"[5] a incantarlo. La madre "conosceva quei canti, (…), ascoltati circa vent'anni prima a Trento (…) dove si svolgeva un convegno di universitari cattolici"[6].

L'abitudine del bambino di trascorrere molto tempo nell'udire le melodie la preoccupò, fu un'amica melomane a rassicurarla, si trattava di "musica colta"[7]. In seguito, frequentando il liceo, il giovane ebbe occasione di sentire quei suoni armonizzati da un famoso pianista, Arturo Benedetti Michelangeli, su dischi, del tempo. Non riconobbe lo stile musicale caratteristico del "suo" Coro ed ebbe il coraggio di dirlo a un componente del quartetto. Questi lo invitò a un concerto in programma a Cremona, "La pastora e il lupo". Il ragazzo ne avvertì tutta la "colorazione armonica"[8], quasi un'impressione di "magia sospesa"[9]. Provò "amore per certe tradizioni di quel paziente, laborioso artigianato"[10] che quei canti esprimevano, ne sentì tutta la "semplicità, come atteggiamento morale"[11]. Adulto avrebbe, a decenni di distanza, citato, nel suo libro sul Coro, Béla Bartók: "Saper trattare le melodie popolari è uno dei lavori più delicati che esistono…"[12]. Annotando, al riguardo, che vi si erano dedicati "la polifonia rinascimentale, Bach (…), Mozart, Beethoven (…), Schubert, Mandelsshon, Schumann, Brahms (…), Dvorjak e altri autori del Novecento"[13]. Sottolineava: "…caratteristica del Coro fin dalle sue origini (…) perpetuate nel tempo, forse quella più originale (…)[14] era il canto 'sottovoce'; concludendo: "…Solo così l'improvviso fortissimo può dispiegare tutta la sua espressività", "il senso collettivo del canto corale"[15].

Nello scrivere di Piero De Martini designer, il primo impulso era stato di

3. "Milano", s.d., con riproduzione di parte della facciata decorata a mosaici del palazzo in via Malpighi 3, opera del periodo floreale di Giovan Battista Bossi (all'ultimo piano, lo studio di architettura del designer e colleghi).
"Milano", undated, Featuring part of the mosaic-decorated façade of the palazzo at Via Malpighi 3, a work by Giovan Battista Bossi in the floreal period (the top floor is home to the architectural studio run by the designer and his colleagues).

2. Veduta del palazzo di via Malpighi 3, Milano (foto Piero De Martini).
View of the palazzo in Via Malpighi 3, Milan (photo Piero De Martini).

accennare in apertura al 'sottotono' tipico del suo modo di esporre, si trattasse di idee o di propri lavori. Malgrado i modi dimessi, la sua voce non è mai stata flebile. Gli artefatti creati da De Martini possiedono, come quei canti, compiutezza ed equilibrio armonico tuttora vivi e vibranti, contrappunto estetico del "fortissimo" musicale. In grado di trasmettere sensazioni perché "…non è vuoto il cuore di coloro la cui voce non emana un vuoto rimbombo"[16].

Prime esperienze nel design, sedute in plastica e "imbottite" (1971-1972)

Piero si era laureato in architettura nel 1964 al Politecnico di Milano. Fra i docenti, ricordava soprattutto Gio Ponti ed Ernesto Rogers che, nei rispettivi corsi di Interni e di Composizione architettonica, sapevano colpire l'immaginazione degli allievi anche attraverso l'evocazione dei propri incontri con altre personalità di progettisti, da Le Corbusier ad Alvar Aalto. In seguito, aprendo con due colleghi lo studio professionale, si dedicò principalmente all'attività di progettazione in campo edilizio, nei comprensori della Brianza e della bergamasca. Il primo contatto con il design lo ebbe quando dovette – caso unico nella storia della sua per quantità non cospicua opera nel campo – disegnare e realizzare su commissione di C&B una sedia in plastica (1971) (figg. 4, 5), materiale utilizzato da oltre un decennio in molte applicazioni pratiche per la sua attitudine alla lavorazione con la tecnica a stampo, che rendeva possibile fabbricare oggetti in grande serie. Il prezzo contenuto dei prodotti permetteva di raggiungere un pubblico con minori disponibilità economiche, molto

The young De Martini's habit of spending a lot of time listening to the melodies worried his mother, but a music-loving friend reassured her that this was "highbrow music"[7]. Later, when he was at high school, De Martini came across a recent record of those very sounds harmonised by the famous pianist Arturo Benedetti Michelangeli. He did not recognise the musical style of "his" choir, and was bold enough to share his feelings with a member of the quartet, who invited him to a concert scheduled to take place in Cremona: "La pastora e il lupo" [The shepherdess and the wolf]. De Martini was struck by what he called the "harmonic colouring"[8], an expression almost of "suspended magic"[9]. He felt "love for the tradition of that patient, meticulous craftmanship"[10] that the songs expressed, recognising their "simplicity as a moral attitude"[11]. Decades later, as an adult, he quoted Béla Bartók in his book on choir music: "knowing how to tackle popular melodies is one of the hardest jobs around…"[12]. Yet this was exactly what "Renaissance Polyphony, Bach (…), Mozart, Beethoven (…), Schubert, Mendelssohn, Schumann, Brahms (…), Dvorak and other 20th-century composers"[13] had done, he added. "Of all the characteristics of choir music, one that stems right back to its origins and has endured over time, perhaps becoming the most original of all (…)[14], was 'sotto voce' singing," he continued. "Only thus could sudden volume changes be fully expressive of the collective identity of choral singing," he concluded[15].

Writing about Piero De Martini the designer, the first impulse was to allude to the understatement (sottotono, literally the "under tone") that was so typical of his way of expressing himself, whether through ideas or works. Yet despite his simple approach, his voice was never weak. Like those songs, De Martini's works embody completeness and a harmonious balance that is still alive, still vibrant, providing an aesthetic counterpoint to musical fortissimo. His work is capable of conveying emotion, because "the heart of he whose voice does not produce an empty echo is not empty"[16].

più ampio del consueto. L'applicazione della plastica nel campo delle sedute era relativamente recente. Una prima sedia, la "Tulip suite" di Eero Saarinen per Knoll International, concepita e disegnata come un fiore a calice su stelo, risaliva infatti (dopo il tavolo rotondo, dello stesso autore, 1956) al 1957. Ma era trascorso qualche anno prima che fossero presentati alla produzione da Joe Colombo (modello "4867" "Universale", Kartell, 1968) e Vico Magistretti ("Selene", Artemide, 1968; 1969 per la definitiva messa a punto) altri modelli di sedia, tutti sovrapponibili, caratteristica, quest'ultima che, secondo gli autori del catalogo del milanese Museo del Design ha costituito fin dal secondo dopoguerra una delle "ossessioni" principali del Design italiano. Anche Mario Bellini e Tobia Scarpa avevano compiuto tentativi in direzione analoga con Cassina, poi tralasciati. L'esemplare di Colombo era il primo sul piano internazionale a essere prodotto in abs (successivamente in nylon e dal 1983 in polipropilene). La forma tondeggiante dei sostegni e lo schienale curvilineo richiamavano alla memoria le seggioline (mod. "K 1340") disegnate da Zanuso e Sapper per gli asili Montessori.

Della plastica entrata negli oggetti d'uso quotidiano aveva scritto Dorfles: "... Già oggi s'impone una distinzione netta fra alcuni prodotti dozzinali, mal finiti, destinati all'obsolescenza o al consumo immediato e altri prodotti nei quali la dignità del 'buon disegno' si sposa a una diversa dignità del 'medium espressivo'.[17]. Il critico citava ad esempio la produzione di Artemide, all'epoca detentrice di un indiscusso primato nel campo delle sedie in plastica, dove il materiale – poliestere rinforzato – non era più "cattiva imitazione" del legno e del metallo ma qualcosa di diverso e di originale, che "metteva in evidenza le caratteristiche tecniche del prodotto"[18]. Ne indicava, fra i pregi, "la leggerezza, la robustezza, l'elasticità, la colorabilità (…), la non sfogliatura, la possibilità di essere

Early experiences in design, plastic and "padded" chairing (1971-1972)

Piero obtained a degree in Architecture from the Polytechnic University of Milan in 1964. Among his lecturers were Gio Ponti and Ernesto Rogers, who taught the Interiors and Architectural Composition courses respectively. Both professors were able to capture the imagination of the students by recalling their meetings with other high-profile architects, such as Le Corbusier and Alvar Aalto. He later opened a professional architecture studio with two colleagues, dedicating the majority of his time to planning for the construction industry in the Brianza and Bergamo areas. De Martini's first brush with the world of design came when – in unique circumstances given his less than extensive work in the field – he was commissioned by C&B to design a chair in plastic (1971) (figs. 4-5), a material that had been used for many practical applications over the past decade on account of its compatibility with printing techniques that made it possible to produce large series of objects. The reasonable cost of the products meant they could reach a much larger audience than usual, including people with smaller economic resources. The use of plastic for chairs was a relatively recent phenomenon. The first example of this, the "Tulip suite" chair by Eero Saarinen for Knoll International, designed to look like a flower on a stem, dates back to 1957 (the round table by the same designer came out in 1956). A decade later, new chair models were designed and sent to production by Joe Colombo (model "4867" "Universale", Kartell, 1968) and Vico Magistretti ("Selene", Artemide, 1968; finalised in 1969). All of these models were stackable, a characteristic that – according to the authors of the Milan Design Museum catalogue – had been one of the main "obsessions" of Italian design since the end of the Second World War. Mario Bellini and Tobia Scarpa had tried to go in a similar direction with Cassina, but ended up abandoning them. Colombo's model

4-5. Piero
De Martini con
Giorgio Falconi
e Francesco Fois,
sedia "Enne uno"
in Fiberlite bianca,
produzione C&B,
Meda, 1971.
Piero De Martini
with Giorgio Falconi
and Francesco Fois,
"Enne uno" chair
in white Fiberlite,
produced by C&B,
Meda, 1971.

6. Piero
De Martini con
Giorgio Falconi
e Francesco Fois,
sedia "Enne uno",
di colore bianco,
nero e rosso.
Piero De Martini
with Giorgio Falconi
and Francesco Fois,
"Enne uno" chair in
white, black and red.

was the first on the international market to be produced in ABS (later in nylon and then, from 1983, in polypropylene). The rounded shape of the supports and curved backrest conjured up memories of children's chairs designed by Zanuso and Sapper for Montessori nurseries (Model "K 1340"). Dorfles wrote about the introduction of plastic as a material for everyday objects: "There is already a clear distinction between second-rate, poorly finished objects destined for obsolescence and immediate consumption and other products in which the dignity of 'good design' is married with a different kind of dignity, that of the 'medium of expression'[17]." The critic cited the example of Artemide, who was then the undisputed leader in the field of plastic chairs, where the material – reinforced polyester – was no longer seen as a "poor imitation" of wood or metal, but as something different and original in its own right and that "showcased the technical characteristics of the product"[18]. Dorfles listed the attributes of plastic as "lightness, robustness, elasticity and colourability (…), the fact that it does not splinter, that it can be processed using both 'semi-artisanal' processes[19], with the finish limited to the visible parts only, and with industrialised methods, which allow for a complete finish". These new objects ("whose consistency was both elastic and smooth"[20] and which came in "intense colours"[21]) became the symbols of contemporary society. The "Selene" chair by Magistretti (which "Ottagono" magazine heralded with the phrase "a chair is born") was the best example of this, garnering immediate international success.

The plastic chair was designed by De Martini and signed by all three studio partners (Piero De Martini, Giorgio Falconi, Francesco Fois). The company formed by the merger between Cassina and Busnelli in 1965 first put it into production in 1969, releasing a definitive version the following year. "Enne Uno" chairs could be stacked and slotted next to one other (fig. 6) and the way in which the supports and seat pad fitted together was reminiscent of an earlier metal model designed by Zanuso – the

lavorati sia con sistemi semi-artigianali"[19], ovvero con finiture limitate alla parte in vista, sia con metodi industrializzati, che consentivano una finitura integrale. I nuovi oggetti ("dotati di consistenza a un tempo elastica e levigata"[20] e di "intenso cromatismo"[21] erano diventati simboli della civiltà contemporanea. La sedia "Selene" di Magistretti ("è nata una sedia", aveva annunciato la rivista "Ottagono") ne era la testimonianza più efficace, il suo successo fu immediato e internazionale.

La sedia in plastica disegnata da De Martini riportava la firma dei tre componenti dello studio (Piero De Martini, Giorgio Falconi, Francesco Fois) e venne dall'azienda – nata dalla fusione, nel 1965, fra le ditte Cassina e Busnelli – una prima volta messa in produzione nel 1969, poi l'anno successivo in versione definitiva. Denominata "Enne Uno", oltre a essere impilabile e accostabile (fig. 6), ricordava nella soluzione degli innesti fra supporti e piano di seduta un precedente modello metallico di Zanuso, la "Lambda" in lamiera di acciaio zincato verniciata a fuoco (Gavina, 1962). Frutto, quest'ultima, di circa un biennio di prove sperimentali compiute dall'autore con l'assistenza di tecnici esperti nella fabbricazione di carrozzerie di automobili. Non molto maneggevole, di peso tutt'altro che irrilevante, così spigolosa nei supporti da indurre i rari acquirenti o possessori a evitarne con cura il contatto accidentale, ma di grande eleganza, la sedia di Zanuso era rimasta in catalogo per un tempo limitato a causa dello scarso esito commerciale. Migliore sorte ebbe la versione in cuoio, notevolmente più leggera. Cessata l'attività dell'azienda produttrice bolognese con l'acquisizione da parte di Knoll, fu mantenuta dalla nuova proprietà in produzione, per un periodo, la sola variante gradita al pubblico.

Vista nelle immagini coeve dei cataloghi, a distanza di tempo dall'ideazione e in visione frontale la sedia (in fiberlite) di De Martini suggerisce l'idea di un

"Lambda" chair made from stove-enamelled galvanised steel sheeting (produced by Gavina in 1962). "Lambda" was the product of around two years' experimentation by the designer, with the support of technicians specialising in the production of automobile chassis. The chair was rather unwieldy and heavy. The supports were so pointy that the few people who bought or came into possession of one had to be careful to avoid bumping into it. Despite its elegant design, the chair did not remain in the company's catalogue for long, due to poor sales. A substantially lighter, leather version fared better. When the Bologna-based company was taken over by Knoll, the leather chair – the only version popular with the public – remained in production under the new ownership. In the catalogue images of the time, the front view of De Martini's chair (in Fiberlite) looks like a thin piece of cardboard that has been folded up almost for fun, yet the profile reveals the carefully calculated balance of the curves. The white version of the chair featured an unusual, attractive satin finish, and the model – unlike other chairs already on the market with a glossy finish and bright colours – was only available in galaxy black, slate grey and sienna.

The separation of Cassina and Busnelli in 1973 freed the former company from having to produce plastic chairs, something perceived as being at odds with its long, prestigious tradition. For a few years, the model stayed with the latter company (B&B) – despite it having been finalised at the research centre which Cassina was, to all effects, in charge of – until B&B realised that it was better for them to produce sofas rather than to be in competition with Artemide. Artemide director Ernesto Gismondi asked to acquire "Enne Uno" for his own catalogue, but Busnelli preferred to leave the steel mould (which had cost 41 million lire) outdoors, to deteriorate irrevocably at the mercy of the weather, rather than to sell it to a potential competitor.

De Martini's interest in the material did not

cartoncino di ridotto spessore ripiegato per gioco, ma il profilo ne svela lo studiato equilibrio delle curvature. Nella versione di colore bianco presentava un'inedita piacevole satinatura e il modello prevedeva, a differenza di altri già in commercio dalla patina lucida e dalle cromie squillanti – solo ulteriori tonalità in nero galaxy, grigio ardesia, terra di Siena.

La separazione, nel 1973, fra le due ditte Cassina e Busnelli liberò la prima da una scelta – produrre sedie in plastica – poco consona alla sua lunga e prestigiosa tradizione di lavoro. Il modello rimase per tali ragioni qualche anno alla seconda azienda (B&B), nonostante fosse stato messo a punto dal Centro Studi del quale si era occupata a tutti gli effetti proprio Cassina; fino a quando la stessa B&B non si accorse che le conveniva produrre divani anziché far concorrenza ad Artemide. Ernesto Gismondi, alla guida di Artemide, chiese di acquisire "Enne Uno" al proprio catalogo, ma Busnelli preferì far deteriorare irreparabilmente lo stampo in acciaio (costato 41 milioni di lire) lasciandolo all'aperto, all'azione delle intemperie, piuttosto che cederlo a un potenziale concorrente.

L'interesse di De Martini per il materiale non oltrepassò la prima esperienza. Entrato in rapporto con una delle punte più elevate del sistema industriale del tempo capì, assistendo alle lavorazioni nel reparto prototipi, quale fosse la sua strada. Prima ancora, tuttavia, gli capitò un episodio con C&B (che affrontava per la prima volta lavorazioni a trapunta introducendo l'apposita macchina cucitrice), con un modello di poltrona, "Panda" (figg. 7-9), che celava all'interno un vero e proprio letto. "Panda" era stata progettata da De Martini nel 1970 e proposta all'azienda due anni dopo, proprio nel periodo della scissione aziendale. Rimase quindi a Busnelli, che lasciò il modello allo stato di prototipo o poco più, trascurandone, dopo una prima presentazione a Parigi, sviluppo e produzione, senza intuirne le possibilità d'uso.

7. Piero
De Martini,
poltrona imbottita
"Panda", C&B,
Meda, 1972 (foto
Piero De Martini).
Piero De Martini,
"Panda" padded
armchair, C&B,
Meda, 1972 (photo
Piero De Martini).

8 a, b, c, d. La poltrona "Panda" prodotta da C&B, trasformabile in letto.
"Panda" armchair produced by C&B, can be converted into a bed.

9. La poltrona "Panda" nel soggiorno di casa De Martini, anni settanta.
"Panda" armchair in the lounge of De Martini's home, 1970s.

A contatto con il centro Cassina l'autore subì in quel periodo il fascino di un antico materiale naturale, il legno; in seguito, accostandovisi quasi per caso e fuori dell'azienda, avrebbe sentito quello della pietra, in particolare l'ardesia spaccata, ricca di venature a bassorilievo, come cretti di Alberto Burri; più tardi, anche se per pochi oggetti, del vetro.

Il legno gli suggerì, a partire dal 1972, il progetto di un sistema articolato e modulare di componenti semplici e squadrati per l'abitazione , "La Barca". Cassina, la cui storia spiegava le scelte aziendali e il prestigioso parterre di designer che dal secondo dopoguerra in poi ne aveva realizzato i prodotti – soprattutto sedute – rimasti definitivamente o solo per un periodo in catalogo, rappresentava in materia l'ideale referente produttivo. Portato dall'autore all'azienda il progetto trovò l'attenta adesione di un personaggio chiave della produzione, Francesco Binfarè. Questi all'inizio degli anni sessanta si era presentato, giovanissimo, appena conclusi studi di geometra, al titolare, che ne aveva intuito le doti di "prontezza, duttilità, spregiudicatezza"[22]. In pochi anni la giovane recluta era diventata l'interlocutore principale dei designer nella fase di transizione dalle idee ai prototipi che precedeva la definitiva messa a punto del modello.

develop further after this first experience. Having collaborated with one of the industry leaders and observed the prototype department at work, De Martini had understood what the right path for him was. But before this, he had worked with C&B (which was moving into quilting for the first time and had brought in a special sewing machine) on the "Panda" armchair model (figs. 7-9), which could be turned into a bed. Martini designed "Panda" in 1970 and pitched it to the company two years later, just when the organisation was splitting. "Panda" stayed with Busnelli, who left the model at the prototype stage. After an initial presentation in Paris, Busnelli never developed or produced the model, failing to intuit its multiple possibilities for use. Through his contact with Cassina, De Martini became fascinated with an ancient, natural material: wood. Later, outside independently of his relationship with the company and indeed almost by chance, he became taken with stone, especially split slate with its rich veining in low relief, like the cracks of Alberto Burri.

Some time after this, De Martini also came to appreciate glass, though he only used this material for a few objects.

In 1972, De Martini's interest in wood led him to design a collection of simple, modular square pieces for the home by the name "La Barca".

Cassina, whose history explained its business decisions and the prestigious group of designers who, since the end of the Second World War, the company worked with to design its products, mainly chairs, was the ideal production partner for the project. When De Martini brought the project to the company, he found the support of one of its key production figures, Francesco Binfarè, who had introduced himself to the owner in the early 1960s at a very young age, having just completed his studies as a surveyor. The Cassina owner instantly recognised Binfarè's "readiness, versatility and lack of inhibition"[22]. In the space of a few years, the young recruit became the key point of contact for designers during the idea-to-prototype phase, before the definitive finalisation of their products.

Cassina, dalla produzione artigianale alla nascita (e al successo) della produzione industriale italiana del mobile

Cassina: from artisanal production to the birth (and success) of industrial furnishing production in Italy

L e origini dell'azienda risalivano al Novecento, ma una lunga tradizione di rinomati ebanisti trovava radici documentate nella metà del Settecento, quando artigiani con quel cognome avevano eseguito e dato lustro a commesse per il pulpito del duomo di Como. Nei primi anni del XX secolo il catalogo della ditta Cassina, che risiedeva allora a Milano, includeva piccoli mobili in legno, tavolini e altro, con parti rivestite da tappezzerie, ma non trascurava altri settori d'intervento. Nel 1919 avrebbe partecipato alla rassegna regionale della produzione lombarda, in mostra nel Palazzo reale di Monza – preludio alla prima Esposizione internazionale di Arti Decorative del 1923 – presentando sale allestite con propri "mobili rustici". Dopo la Prima guerra mondiale l'azienda trovava ospitalità a Meda, in due locali nella corte della casa familiare. Il lavoro era affidato ad artigiani esterni e in ditta avvenivano le sole operazioni di finitura e di imballaggio.

La "Amedeo Cassina", così denominata nel 1927, era divenuta a otto anni di distanza "Amedeo Cassina e figli". L'attività degli anni trenta configurava, come mostravano gli inserti pubblicitari coevi, interi salotti in stile "Novecento", specialmente poltrone e divani a struttura lignea, imbottiti e rivestiti in tessuto o in cuoio. Ottenuti notevoli aumenti di fatturato in seguito alla razionalizzazione produttiva instaurata nella prima fabbrica (aperta nel biennio 1937-1939) e all'entrata in esercizio, nel 1944, di nuovi macchinari, Cassina trasse vantaggio, rispetto alle aziende rivali, dall'aver sede fuori Milano. Nel capoluogo lombardo, per effetto dei bombardamenti bellici, l'intero apparato industriale era andato distrutto, interrompendo la produzione e imponendo trasferimenti e riduzioni di attività. Alla ripresa, l'azienda si trovò con gli impianti integri e ottanta artigiani addetti fra tappezzieri e falegnami, apprendisti o specializzati, questi ultimi capaci di eseguire qualsiasi parte o intervento previsto nella fabbricazione di un mobile.

W hile the company was founded in the 20th century, it is linked to renowned cabinet-makers stretching right back to the mid-1700s, when artisans with the surname Cassina produced and embellished work for the pulpit of Como Cathedral. In the early 1900s, the range of products offered by Cassina – then based in Milan – included small pieces of wooden furniture, such as side tables, with sections upholstered with tapestry. In addition to this, in 1919 Cassina participated in a regional exhibition of Lombard production, dressing rooms with its "rustic furniture" at the Royal Villa of Monza, in a prelude to the first international exhibition of Decorative Arts in 1923. After the First World War, the company moved to Meda, setting up in two sections of the courtyard of the family home. Work was outsourced to external craftspeople, with the company itself dealing only with finishing and packaging.

"Amedeo Cassina", as it was named in 1927, became "Amedeo Cassina e figli" eight years later. According to advertisements from the era, the 1930s saw the company produce entire sitting rooms in the 19th-century style, with a particular focus on padded armchairs and sofas with wooden structures and leather or fabric covers. A significant boost in revenues was generated thanks to the streamlined production system introduced in Cassina's first factory (1937-39) and the introduction of new machinery in 1944, while the company continued to reap the rewards of having headquarters outside of Milan, in contrast with its rivals. The entirety of Milan's industrial infrastructure had been destroyed by bombing during the war, halting production and forcing companies to move elsewhere and cut down their operations. Cassina, meanwhile, had fully functioning facilities and 80 craftspeople including upholsterers and carpenters, some apprentices and other specialists, who were able to successfully produce any part or execute any process necessary in the manufacture of a piece of furniture.

Under the stewardship of Umberto, Amedeo's son, Cassina's initial collaborations with

Sotto la conduzione di Umberto figlio di Amedeo, alle prime importanti collaborazioni esterne del periodo precedente (con progettisti come Paolo Buffa) si era aggiunto nell'immediato secondo dopoguerra l'apporto di Franco Albini, già autore di allestimenti espositivi (la sala dell'oreficeria alla VI Triennale di Milano, 1936) diventati famosi per la loro disadorna, raffinata essenzialità. Le sedie disegnate da Albini per Cassina erano però così spoglie e severe da risultare poco gradite al pubblico, allora disarmato di fronte all'estrema semplicità formale. Con le stesse caratteristiche, apprezzate da specialisti e intenditori, la poltroncina autografa "Luisa", realizzata dalla ditta Poggi di Pavia e poi acquistata da Cassina, ottenne nel 1956 il Compasso d'Oro.

Sviluppi dell'azienda negli anni cinquanta del Novecento

Cassina iniziò a crescere con le commesse per i grandi transatlantici delle linee nazionali o per compagnie private di navigazione. Già fra 1947 e 1952 furono coinvolti per nuovi modelli di poltrone destinate a ogni tipo di ambienti e classi di viaggiatori progettisti come Gio Ponti (il primo ad aver lanciato fin dagli anni venti, partecipandovi da protagonista, una campagna con la rivista "Domus" per sostenere e diffondere nuovi allestimenti d'interni navali a opera di architetti, creando i presupposti per l'affermazione di aziende prestigiose, fra le quali Christofle, Fontana Arte, Richard Ginori, Venini), Nino Zoncada, Gustavo Pulitzer. Nel complesso, tutte le arti italiane e molti fra i principali esponenti ne trassero vantaggio e notorietà. Il transito della ditta verso la produzione in serie vera e propria avvenne così, costantemente alimentato e sostenuto

prominent external figures (designers such as Paolo Buffa) continued in the immediate post-war period with Franco Albini. Albini had already created exhibitions such as the one in the Sala dell'Oreficeria at the VI Triennale di Milano in 1936, which had become famous for its stripped-down, refined simplicity. The chairs designed by Albini for Cassina were, however, so bare and harsh that they garnered little success with the public, who were taken aback by their extreme simplicity of form. Nonetheless, the "Luisa" armchair, which was released by the Poggi company from Pavia and then acquired by Cassina and featured the same characteristics, was widely praised by specialists and aficionados and won the Compasso d'Oro in 1956.

Cassina's development in the 1950s

Cassina began to grow thanks to orders placed by large national ocean liners and private shipping companies. Between 1947 and 1952, Cassina produced new models of seats destined for all kinds of spaces and travelling classes, enlisting designers such as Nino Zoncada, Gustavo Pulitzer and Gio Ponti (the first to have taken part in the campaign run by the "Domus" magazine in the late 1920s, which led to architects producing interiors for ships for the first time, laying the foundations for prestigious companies such as Christofle, Fontana Arte, Richard Ginori and Venini). In time, many of Italian's leading art exponents benefitted and gained popularity from this phenomenon. The company's passage towards series-based production was fuelled by the shipping industry, with huge new freighters and cruise ships appearing constantly right up until 1970. On a more general level, this was helped along by wider economic development which promoted social transformation in Italy and enabled new sections of the population to access consumer goods (especially in terms of transport and electrical appliances, but also – for the better-informed and more cultured – designer furniture).

Within Cassina's production output at the

dall'armamento, fino al 1970, di sempre nuovi grandi bastimenti di linea o da crociera. Lo sviluppo aziendale fu anche effetto di un più generale sviluppo economico, che permise la trasformazione sociale del Paese e l'accesso di nuove fasce di popolazione ai nuovi beni di consumo (specie nel campo dei trasporti e degli elettrodomestici, ma anche, per il pubblico più informato ed evoluto, del mobile di design).

Nella produzione corrente di Cassina, solamente Gio Ponti, da sempre (per istinto naturale di artefice e di raffinato cultore della perfezione esecutiva propria del più alto artigianato artistico) incline a considerare l'aspetto percettivo e sensoriale parte integrante nella progettazione di sedute e mobili – aveva ottenuto successo di pubblico con un proprio modello (la poltroncina "n. 505"). Da allora in avanti il maestro milanese ebbe un rapporto intenso e privilegiato con l'azienda, e la prima versione della sedia in faggio "Leggera" (1951, poi ribattezzata "Pesante"), della stessa in versione definitiva (1954) fino all'intramontabile "Superleggera" (1957), la più celebre sedia di design del mondo, era avvenuto in quel contesto di altissimo artigianato[23]. Come d'abitudine, Ponti aveva spalancato le porte dell'azienda ad altri progettisti, tutti premiati, fra l'altro, fin dal 1955 dall'appena istituito "Compasso d'Oro": Carlo De Carli, Ico Parisi, Gianfranco Frattini (anche nelle tre edizioni successive prodotti dell'azienda ottennero segnalazioni e, negli anni fra 1964 e 1968, diplomi d'onore della Triennale), all'epoca giovanissimo collaboratore di Ponti, nel cui studio aveva potuto conoscere il nuovo titolare Cesare Cassina, ricevendone invito a progettare un modello di poltrona[24].

Frattini instaurò con l'azienda un intenso rapporto di collaborazione, disegnando, dall'anno 1951 in avanti, almeno cinquanta modelli, che un decennio più tardi rappresentavano circa il sessanta per cento della produzione (fig. 10). Alla

10. Gianfranco Frattini, poltrona-divano "Sesan", Cassina, 1970 (foto Falchi Salvador).
Gianfranco Frattini, "Sesan" armchair/sofa, Cassina, 1970 (photo Falchi Salvador).

11. Vico
Magistretti,
divano a due
posti "Maralunga",
Cassina, 1973.
*Vico Magistretti,
"Maralunga" two-
seater sofa, Cassina,
1973.*

time, only Gio Ponti – who had always been inclined to view perception and sensory qualities as an integral part of the design process for seating and other furniture (on account of his natural instincts as a trailblazer and purveyor of manufacturing perfection and the highest level of craftsmanship) – had enjoyed success with the public with one of his own models (the "No. 505" armchair). From then on, the Milanese master had a strong, special relationship with the company. It was within this context of superior craftsmanship[23] that Ponti created the first version of the "leggera" [light] chair in beechwood (1951, later renamed "pesante" [heavy]), followed by the definitive version of the chair (1954) and finally the timeless "Superleggera" [Ultralight] (1957), the most widely celebrated designer chair in the world. As was his habit, Ponti threw open the doors of the company to other designers, all of whom had won the Compasso d'Oro award, which had been founded in 1955. These designers included Carlo De Carli, Ico Parisi and Gianfranco Frattini, all of whom

received recognition in the three successive editions of the awards ceremony, as well as Diplomi d'Onore from the Triennale between 1964 and 1968. Frattini was, at the time, a very young man collaborating with Ponti, in whose studio he was able to meet the new owner, Cesare Cassina, who invited him to design a model of armchair[24].

Frattini struck up a fruitful partnership with the company, designing at least 50 models from 1951 onwards, which represented around 60% of overall production a decade later (fig. 10). Vico Magistretti entered the picture around the end of this period, with Francesco Binfarè – a key company figure in terms of the fine-tuning and selection of projects – contributing to Magistretti's most famous sofa, named "Maralunga" (1973, Compasso d'Oro 1979) (fig. 11). Binfarè's biggest strength was his ability to help designers come up with ideas, then guide these and keep them moving in a direction suitable for manufacture.

In 1965, with the merger of Cassina and Busnelli, the company followed in the footsteps

fine del periodo in esame si era poi aggiunto fra i designer Vico Magistretti, all'esito del cui divano più celebre, "Maralunga" (1973, Compasso d'Oro 1979) (fig. 11) aveva contribuito Francesco Binfarè, personaggio chiave dell'azienda nel perfezionamento e nella selezione dei progetti. Sua caratteristica principale era, infatti, la capacità di suscitare nei designer le idee e poi di orientarle e mantenerle lungo la direzione più consona alla corretta realizzazione.

Nel 1965, con la fusione fra Cassina e Busnelli era stata inaugurata, sull'esempio di Gavina (che aveva incluso nel 1962 in catalogo la storica poltroncina di Breuer, "Wassily"), un'importante riedizione di modelli "classici", a partire da Le Corbusier fino poi a Mackintosh, Rietveld e Lloyd Wright. Dopo la breve parentesi, condivisa con Dino Gavina, della fondazione di un'azienda innovativa come Flos nel campo dell'illuminazione (presto lasciata alla conduzione di Sergio Gandini) Cesare Cassina, che guidava con intuito e determinazione le scelte dell'azienda accolse il giovane designer figlio d'arte Tobia Scarpa, il cui divano "Coronado" diventò, insieme con la lampada "Arco" dei Castiglioni prodotta da Flos, uno degli oggetti più in voga nei soggiorni delle abitazioni di una borghesia emergente a fine decennio-inizio anni settanta. La coppia a quel tempo nell'arte e nella vita, Scarpa (Afra era coautrice) conseguì nel 1970 il premio Compasso d'Oro con la poltrona "Soriana" (fig. 12), prodotta da Cassina. Nello stesso genere merceologico delle sedute, che ormai costituiva parte preponderante e quasi esclusiva nella produzione della ditta, il modello di poltrona "Pianura" (o "567") (fig. 13) di Mario Bellini inaugurò l'apporto del designer al catalogo, di lì a poco produttori e pubblico ne avrebbero saggiato i ritmi di travolgente intensità e continuità creativa (si tratta dell'autore italiano, insieme con i Castiglioni, più insignito di "Compassi d'Oro") (fig. 13, 14, 15). La collaborazione degli Scarpa con Cassina (fig. 16 a-b, 17) durò circa un

of Gavina (which had included Breuer's historic Wassily armchair in its 1962 catalogue) by releasing reissues of its classic models, including those by Le Corbusier, Mackintosh, Rietveld and, lastly, Wright. Cesare Cassina – after a brief spell working with Dino Gavina, when the two founded the innovative lighting company Flos (the reins of which were quickly handed over to Sergio Gandini) – who brought intuition and determination to company decisions, welcomed the young designer Tobia Scarpa to Cassina. Scarpa's "Coronado" sofa became, alongside the "Arco" lamp produced by Flos and designed by the Castiglioni brothers, one of the most en vogue objects for the living rooms of the upper class that emerged at the end of the 1960s and early 1970s. in 1970, the "Soriana" armchair (fig. 12), produced by Cassina and designed by Afra and Tobia Scarpa (partners in art and in life), won the Compasso d'Oro. Also in the realm of seating, which by then accounted for the vast majority of the company's production, the "Pianura" armchair (also known as "567") (fig. 13) by Mario Bellini marked

the start of the designer's contributions to the Cassina catalogue. From then on, the working relationship developed with notable intensity and creativity. Incidentally, Bellini is, with the Castiglioni brothers, the Italian designers to have won most Compasso d'Oro awards (figs. 13, 14, 15). The Scarpa's collaboration with Cassina lasted for around a decade (figs. 16 a-b, 17). It was partly thanks to these designers, and the company's continued policy of focusing on high-end pieces that were not just "expressions of a fashion or trend but instead had the potential to become (…) classics, pieces to which time would lend (…) prestige"[25]. This also meant that the company reduced the number of models in its range (there were only 40 in the portfolio in 1968), as its reputation reached its peak. In Cassina's 1200m^2 Via Durini store, the shop windows featured "display cases where the armchair by Le Corbusier [and Charlotte Perriand] (fig. 22) was like a sculpture (…), treated like a multiple"[26], while the interiors encouraged "a journey through imagination"[27] through the metal "cages"[28] of the layout

12. Afra e
Tobia Scarpa,
divano, poltrone
e pouf della
serie "Soriana",
Cassina, 1970.
Afra and Tobia
Scarpa, sofa,
armchair and pouf
from the "Soriana"
series, Cassina, 1970.

decennio. Era stato anche grazie a quei protagonisti, e alla sostenuta preroga-tiva dell'azienda di puntare su pezzi di alta qualità che non fossero "espressio-ne di una moda o di un momento ma che avessero la possibilità di diventare (…) dei classici, ai quali il tempo conferirà (…) prestigio"[25], riducendo neces-sariamente, allo scopo, il numero dei modelli (solo quaranta in catalogo nel 1968) che la notorietà dell'azienda era giunta all'apice. Nel negozio Cassina di via Durini (1200 mq. di superficie) le vetrine ricordavano "teche espositive dove la poltrona di Le Corbusier (e Charlotte Perriand, nda) (fig. 22) sembrava una scultura (…) trattata come un multiplo"[26] e lo spazio interno favoriva "un viaggio dell'immaginazione"[27] fra le "gabbie"[28] metalliche dell'allestimento fir-mato da Mario Bellini (figg. 22, 24). Di conseguenza era divenuto meta abitua-le di visita, il sabato pomeriggio, per tutti quei milanesi (compresi gli impiegati, commentava non senza una snobistica punta di meraviglia la nota giornalista autrice dell'articolo) che amavano il bello, per gli intellettuali in cerca "dell'in-formazione culturale che viene dal Design"[29].

L'apertura di Cesare Cassina al nuovo includeva anche personalità molto diver-se da quelle abituali e del tutto estranee alla tradizione dell'azienda, designer che si collocavano in un'area "Radical" come Gaetano Pesce, Paolo Deganello (fig. 23) o altri componenti degli "Archizoom", contattati dall'imprenditore per promuoverne, sia pure su di un piano un po' subordinato e minoritario rispetto all'attività consueta, esperienze con il "Centro Ricerche Cassina". Inaugurato nel 1965, quest'ultimo favoriva anche la sperimentazione in campi come l'uf-ficio, affidando ad esempio ai giovani De Pas, D'Urbino e Lomazzi autori della celebre beffarda seduta "Joe" (1970), ispirata nella forma a un guanto da ba-seball) il progetto di un sistema componibile ("Marcatré") formato da elementi di una struttura tubolare metallica e con pannelli in truciolato di sughero o in

13. Mario Bellini, divano e poltrone "Pianura", Cassina, 1970 (foto Falchi Salvador).
Mario Bellini, "Pianura" sofa and armchair, Cassina, 1970 (photo Falchi Salvador).

14. Mario Bellini,
poltrona della
serie "Le Mura",
1972 (foto Falchi
Salvador).
Mario Bellini,
armchair from the
"Le Mura" series,
1972 (photo Falchi
Salvador).

15. Mario Bellini,
divano serie 567
"Fiacre"
ad articolazione
aperta, Cassina,
1975 (foto
Gruppoquattro).
Mario Bellini, model
567 sofa from the
"Fiacre" series in the
open configuration.
Cassina, 1975 (photo
Gruppoquattro).

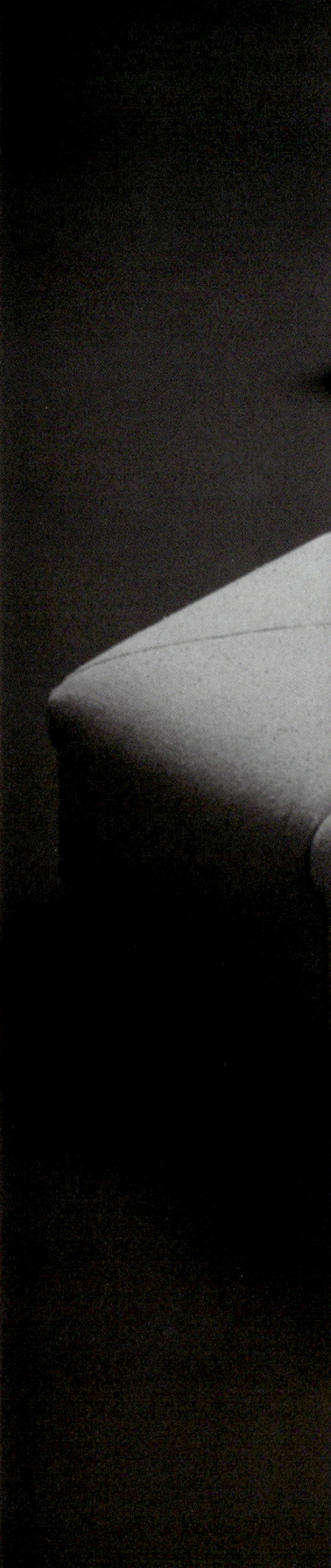

designed by Mario Bellini (figs. 22, 24). For this reason, among others, the store had become an attraction to visit on Saturday afternoons for all design-loving Milanese (including workers, as per the words of a well-known journalist in an article not entirely without snobbery), as well as for intellectuals in search of the "cultural information that stems from design"[29].

Cesare Cassina's policy of opening up to modernity featured very different figures from the regular faces, some of whom were completely at odds with the company's traditions, including designers belonging to the "Radical" field such as Gaetano Pesce, Paolo Deganello (fig. 23) and other Archizoom designers. Cassina contacted these figures in order to encourage them to work with the Cassina Research Centre, albeit it on a less prominent level when compared with its standard activity. Opened in 1965, the Design Centre promoted experimentation in fields such as office furniture, working with the young De Pas designers D'Urbino and Lomazzi, who were behind the famous and quirky "Joe" chair (1970), in the shape of a baseball glove. Cassina

commissioned D'Urbino and Lomazzi to design a modular system composed of a structure in metal tubing with cork or white and yellow melamine panels ("Marcatré"). The system was simple in form and easy and relatively cheap to manufacture, with no intricate detailing. There was also space for experimentation with new materials by figures who had already become the protagonists, inventors or champions of the Italian design industry. Gio Ponti designed an armchair – manufactured by C&B – with a body in white Fiberlite, complete with padded support elements.

In Italy at the time, architects such as Caccia Dominioni and Magistretti decorated their projects with chairs designed by Scarpa for Cassina and the "Selene", produced by Artemide, as well as Flos lamps. In Japan, the designer Shito Kuramata made a red "Selene" chair the undisputed star of the show in a gigantic coffee shop, while in the United States there was a spike in the number of interiors featuring armchairs by Bellini and Scarpa, paired with failsafe lighting by the Castiglioni.

17. Afra e Tobia
Scarpa, poltrona
"Ciprea", Cassina,
1968 (foto Aldo
Ballo).
Afra and Tobia
Scarpa, "Ciprea"
armchair, Cassina,
1968 (photo Aldo
Ballo).

18. Vico Magistretti, divano a due posti "Cardigan", Cassina, 1986.
Vico Magistretti, "Cardigan" two-seater sofa, Cassina, 1986.

19. Poltrona "Cardigan", Cassina, 1986.
"Cardigan" armchair, Cassina, 1986.

20. Divano serie "Cardigan" in configurazione aperta, Cassina, 1986.
"Cardigan" sofa in the open configuration, Cassina, 1986.

21. Divano "Cardigan", dettaglio.
"Cardigan" sofa, detail.

melamina bianche e gialli; di forme semplici e di facile esecuzione, senza particolare cura dei dettagli e di costo limitato. Non mancava, accanto a tali opportunità, lo spazio riservato nella sperimentazione di nuovi materiali a maestri già protagonisti, inventori e promotori del Design italiano. Lo stesso Gio Ponti ideò, realizzata da C&B, una poltrona con scocca in Fiberlite bianca provvista di elementi imbottiti di appoggio in tinta solare.

In Italia, all'epoca, architetti come Caccia Dominioni e Magistretti inserivano nei propri allestimenti sedie di Scarpa per Cassina e la "Selene" prodotta da Artemide, illuminando gli ambienti con lampade Flos. In Giappone il designer Shito Kuramata faceva della stessa "Selene" nei toni del rosso la protagonista indiscussa di un gigantesco coffee-shop e negli Stati Uniti si moltiplicavano gli interni dove le poltrone di Bellini e di Scarpa, abbinate alle immancabili sorgenti di luce dei Castiglioni, segnavano il trionfo di Cassina e delle altre aziende protagoniste di primo piano in un'epopea squisitamente italiana.

22. Lo showroom di Cassina a Milano in via Durini allestito da Mario Bellini, 1968 (foto Maria Mulas).
The Cassina showroom in Milan's Via Durini, dressed by Mario Bellini, 1968 (photo Maria Mulas).

23. Paolo
Deganello,
poltrona "Torso",
1982 (foto Aldo
Ballo).
Paolo Deganello,
"Torso" armchair,
1982 (photo Aldo
Ballo).

24. Mario Bellini,
allestimento
dello showroom
di Cassina in via
Durini, Milano con
poltrone "Ciprea"
di Afra e Tobia
Scarpa, 1968
(foto Aldo Ballo).
Mario Bellini, display
for the Cassina
showroom in Via
Durini, Milan with
"Ciprea" armchair
by Afra and Tobia
Scarpa, 1968 (photo
Aldo Ballo).

Il sistema modulare "La Barca"
di De Martini (1975), Cassina

Fu in questo contesto di decisa affermazione del design nazionale che soprav-
venne e si sviluppò in fabbrica il primo importante contributo di De Martini. Egli,
fin dall'infanzia sensibile al fascino degli oggetti, era stato attratto, adulto, dall'o-
pera di autori quali Vico Magistretti e Mario Bellini, filtrata anche attraverso la
lettura della rivista "Ottagono". Quest'ultima, inaugurata nel 1986 con il patro-
cinio di otto aziende non a caso alla testa dello sviluppo nel settore del mobile,
da Arflex ad Artemide, da Cassina a Bernini, da Flos a Tecno, da Boffi a ICF De
Padova.
Entrato da poco, seppure ai massimi livelli, nel campo del design e traendo proventi
dall'attività professionale di architetto, De Martini non desiderava sollecitare dalle
aziende committenze, ma sottoporre loro soluzioni formali per realizzare sistemi
modulari e coordinati di oggetti della cui necessità e valore fosse già profondamente convinto. Altro non gli occorreva, dunque, se non forti motivazioni e idee-gui-
da per avanzare proposte e immaginare soluzioni. Motore decisivo fu un evento
coevo di rilevanza internazionale, l'ancor oggi celebrata mostra newyorkese *Italy:
a new domestic landscape*, a cura di Emilio Ambasz, all'epoca responsabile per
i settori "Architettura e Design" del MoMA (Museum of Modern Art). Inaugurata
il 23 maggio 1972 (e aperta fino all'11 settembre) nelle gallerie e nei giardini del
Museo, comprendeva 120 oggetti per l'abitazione e 12 allestimenti. Non poche
delle creazioni firmate dai maggiori designer erano prodotte da Cassina. Fra le
soluzioni più provocatorie ed eclatanti un ambiente ideato per Boffi da Ettore
Sottsass, con parallelepipedi a formare un cerchio sacrale, moderna Stonehenge

It was indicative of Cassina and other prominent companies' success on the front line of a Europe with a decidedly Italian tinge.

De Martini's "La Barca" modular system (1975), Cassina

It was within this context of a thriving national design industry that De Martini's first significant contribution was developed in the Cassina workshop. De Martini, who had from childhood been taken with the appeal of objects, had grown up to become attracted to works by designers such as Vico Magistretti and Mario Bellini, something boosted by his reading of the "Ottagono" magazine. The magazine was launched in 1986 with patronage from eight companies at the forefront of innovation in the furniture industry: Arflex, Artemide, Cassina, Bernini, Flos, Tecno, Boffi and ICF De Padova. Though he had quickly progressed to the top end, De Martini was a recent arrival to the design sector and, using revenue from his work

as an architect, preferred not to solicit work from companies but rather to propose solutions for creating coordinated modular systems of whose need and value he was already firmly convinced. There was nothing in his mind other than strong motivation and guidelines for putting forward proposals and dreaming up solutions. The catalyst was the internationally renowned Italy: a New Domestic Landscape exhibition in New York by Emilio Ambasz, the director of the Architecture and Design departments at the Museum of Modern Art (MoMA) at the time. Running from 23 May 1972 to 11 September of the same year, the exhibition – situated in the museum gardens – featured 120 interior objects and 12 display set-ups. A significant amount of the creations, devised by the leading designers of the time, were produced by Cassina. One of the most provocative and striking solutions was a space designed by Boffi for Ettore Sottsass, comprising several parallelepipeds coming together to form a sacred circle, like a modern Stonehenge of the domestic space, concealing all day-to-day home equipment within. There

domestica, celando all'interno ogni attrezzatura di routine. Grande successo ebbe il divano mobile (su ruote) e imbottito di proporzioni idealmente illimitate ("Kar-a-Sutra", Cassina) (fig. 25) concepito da Mario Bellini, con un insieme di cuscini che, diversamente disposti, costituivano braccioli, schienali, sedili, ideale supporto per molte esigenze di vita, non escluse le più recenti affermazioni di un erotismo troppo a lungo represso. Proposte nelle quali fu notata, all'epoca, "un'ascendenza dadaista"[30]. Il rapporto sperimentale di Cassina con Gaetano Pesce si era concretato in un habitat di scenografico effetto, formato da blocchi di poliuretano rigido e semirigido e da sedili in poliuretano morbido. L'accoglienza di pubblico e critica premiò l'accorta lungimiranza dell'imprenditore. Più in generale, fu tutta la produzione italiana a ottenere unanimi riconoscimenti, ammirata, invidiata e, di lì a poco, studiata e talvolta imitata come modello d'inventiva, di qualità e di stile.

Con "La Barca" De Martini aveva raccolto la sfida, l'impulso a creare un ambiente dove i comportamenti fossero più liberi, meno standardizzati.

Nel 1971 Bellini aveva realizzato per Cassina una poltrona imbottita, "Pianura" (cfr. fig. 13), con due piani in legno inseriti a lato dei braccioli. "La Barca" era pensata nel divano come una specie di cassaforma o cassero (rudimentale contenitore del cemento in edilizia, in forma di squadrato parallelepipedo) senza grandi finiture, elemento architettonico aggregabile e componibile nello spazio (figg. 29, 36). Descritto, all'epoca, come assemblaggio "di tavole di legno (massello, nda) appena sgrossate, incernierate al centro"[31] con giunti metallici in vista. Carlo Scarpa, visitando la fabbrica Cassina, vide il divano realizzato e gli parve che l'unica cosa veramente bella fosse il legno massiccio; l'architetto veneziano, cultore dei più raffinati oggetti d'arte cinesi e giapponesi era capace di dedicare un'infinità di tempo allo studio di un dettaglio. Per De Martini fu un complimento, egli guardava, in quella fase, alle forme solide e squadrate delle

26. Articolazione del sistema "La Barca" di De Martini in divano d'angolo con spalliera e fianchi formanti piano di lavoro, dal catalogo della ditta Cassina, 1976 circa (foto Aldo Ballo). *Configuration of De Martini's "La Barca" system as a corner sofa with the backrest and sides forming a worktop, from the Cassina catalogue, circa 1976 (photo Aldo Ballo).*

27. Il divano a tre posti, dal catalogo della ditta Cassina, 1975 circa (foto Aldo Ballo). *Three-seater sofa, from the Cassina catalogue, circa 1975 (photo Aldo Ballo).*

28. Divano a tre posti senza fiancate e ripiani laterali, dal catalogo della ditta Cassina, 1975 circa (foto Aldo Ballo). *Three-seater sofa without sides and side shelves, from the Cassina catalogue, circa 1975 (photo Aldo Ballo).*

29. Piero De Martini, studi grafici, cofigurazioni del sistema "la Barca", 1975. *Piero De Martini, graphic studies on "La Barca" system configuration, 1975.*

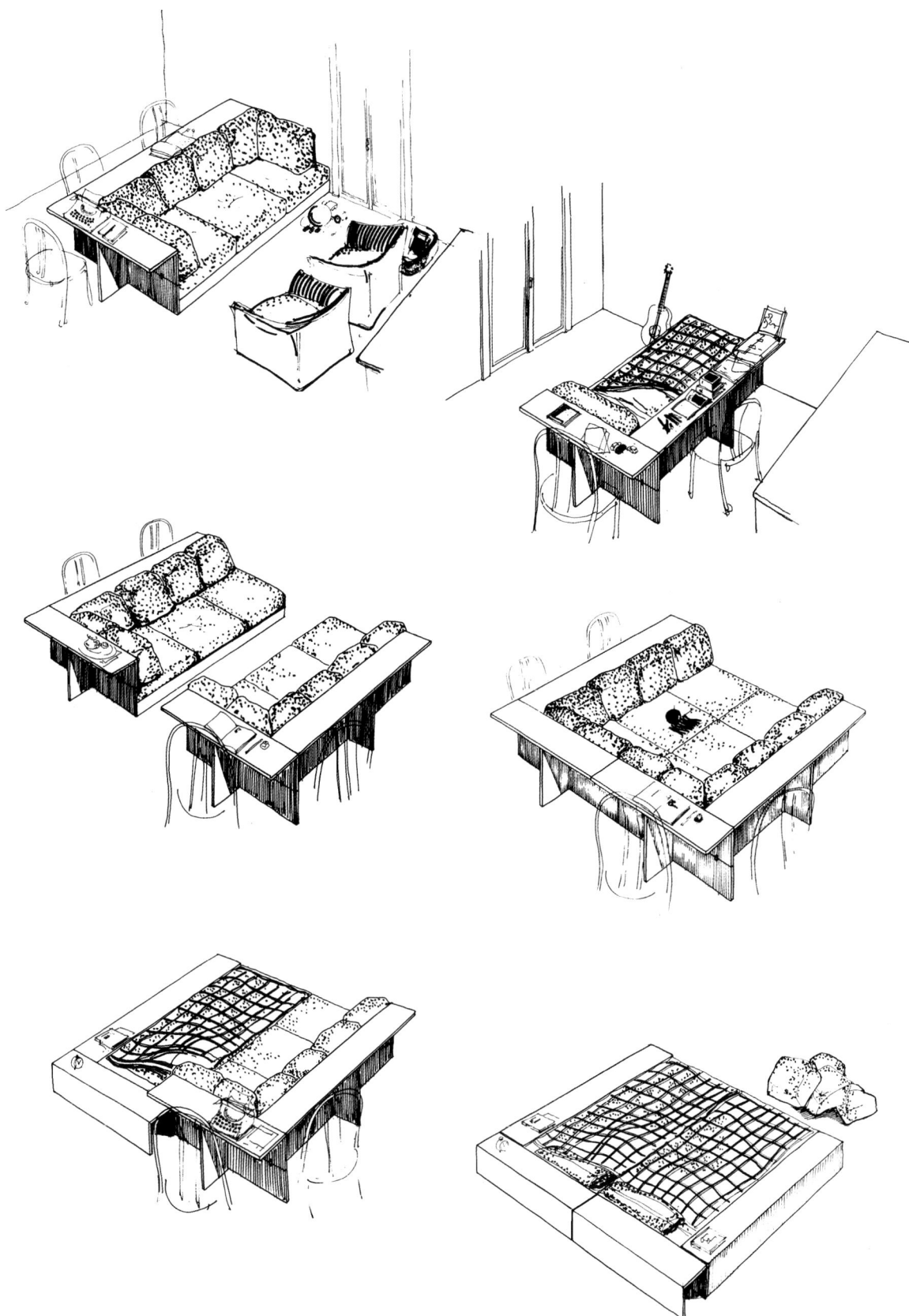

capanne primitive, dei dolmen preistorici (dove lo studio dei particolari non era contemplato in quanto superfluo) (fig. 29, 32). Lo stesso nome e l'idea di giunzione di "La Barca" avevano radici nella memoria, risalendo a un'imbarcazione di pescatori indiani osservata in un viaggio (fig. 34). A ribadire il ruolo centrale del ricordo (dell'uomo parte divina) nello spunto o nel processo creativo, la forma del divano risaliva, invece, alle ottomane turche.

was great success for the mobile padded sofa (mounted on wheels) by Mario Bellini ("Kar-a-Sutra", Cassina). The sofa featured several cushions which, depending on how they were arranged, served as armrests (fig. 25), backrests and seat pads. It was the ideal piece for any one of life's many needs, including those associated with a sexuality that had been repressed for too long. The pieces were, at the time, noted for their "Dadaist ancestry"[30]. The experimental relationship between Cassina and Gaetano Pesce produce a high-impact display set, with blocks of rigid and semi-rigid polyurethane and chairs made from soft polyurethane. Both the public and the critics praised the foresight of the entrepreneur. More generally, the entire Italian production sector received unanimous recognition. It was admired, envied and – soon enough – studied and even imitated as model of inventiveness, quality and style.
With "La Barca", De Martini had taken up the challenge and followed his impulses to try and create a space where behaviour could be freer, less standardised.

In 1971, Bellini produced the "Pianura" padded armchair for Cassina (cf. fig. 13), with two wooden shelves by the side of the armrests. The "La Barca" sofa was designed drawing inspiration from the rudimental moulds used for cement in construction, in the shape of a square parallelepiped. The sofa bore no finishing of any note – it was a simple architectural element that could be combined and grouped together in a room (figs. 29, 36). It was described at the time as a collection of "rough-cut [solid] wood tables, with hinges in the middle"[31] and visible metal joins. On visiting the Cassina production facility, Carlo Scarpa saw the finished sofa and decided that the only thing of true beauty was the solid wood itself. The Venetian architect, a lover of the most refined objects of Chinese and Japanese art, was capable of spending a great deal of time studying a tiny detail. De Martini took this as a compliment – at the time, he was more taken with the solid, square shaping of primitive huts and prehistoric dolmen (where focusing on details was seen as superfluous and

Dell'autore, la rivista "Ottagono" scrisse, nel presentare e commentare l'opera come di "personalità alla quale già da anni Cassina rivolge la propria attenzione e che si fa conoscere nel campo del 'Furniture design' non con un timido approccio o una singola proposta, ma addirittura con l'intero tema della casa"[32]. All'assenza di finitura di "La Barca" non erano forse estranee influenze dell'Arte Povera che, puntualizzava all'epoca un noto critico, "non

poteva essere compresa se non come trasformazione dell'"informale"[33], frutto maturo "di quel clima da cui trae ragione di vita, in genere, la spazialità aperta, che tende all'environement"[34]. Una concezione, aggiungeva, preceduta e segnata dall'indimenticabile apporto dei buchi e dei tagli inferti sulla tela da Lucio Fontana.

Il richiamo a metodi di autocostruzione implicito nella possibilità di combinare i componenti secondo il gusto e le esigenze di ciascuno (le immagini di catalogo erano al riguardo esplicite) derivava dall'influenza di autori come Enzo Mari e Bruno Munari. Del primo, è d'obbligo rammentare le soluzioni (il "Metamobile", 1974) a bassissimo costo (anticipatrici di modelli produttivi più tardi imitati e adottati da grandi catene di distribuzione come Ikea) che disponevano in appositi 'kit' le singole parti del letto o del mobile ridotti all'essenziale, un insieme semplice di tavole lignee, delegando all'acquirente il montaggio del prodotto. Di Munari, molto probabilmente, era in "La Barca" assunto il criterio ispiratore del famoso "Abitacolo" (1971), attrezzatura provvista di versatilità d'uso sorprendente per una struttura quasi elementare, a maglia ortogonale, costituita soltanto da un sistema metallico di piedritti, piani orizzontali fissabili ad altezze diverse, ganci per appendere oggetti e abiti.

La produzione di sistemi modulari, in grande sviluppo tra fine sessanta e settanta e oltre, era dominata dall'idea di suddividere e articolare lo spazio conferendo all'ambiente struttura e orditura architettonica. Colse quest'aspetto, che aveva radici nella visione dell'habitat di Le Corbusier, il curatore dell'omonima Fondazione che a Parigi doveva ospitare nel 1978 una mostra di "Casiers Standard" del maestro svizzero con Charlotte Perriand e Pierre Jeanneret prodotti da Cassina e volle, con l'occasione, esporre anche un esemplare di "La Barca", sentendolo affine. Più tardi, invitato (con Massimo Morozzi) dal Craft

34. Imbarcazione da pesca, India, anni settanta (foto Francesco Binfarè).
Fishing boat, India, 1970s (photo Francesco Binfarè).

35. Due tavolini di servizio o 'servo muto', 1975.
Two sidetables or valet stand, 1975.

Council a tenere una conferenza nella locale Università di Melbourne (nell'ambito di manifestazioni collegate con il Festival di Spoleto) De Martini osservò fra l'altro che, nonostante Le Corbusier operasse all'interno di un'impalcatura d'idee piuttosto rigida, raggiungeva risultati d'innegabile poeticità. Nel caso di "La Barca", superati (come avveniva anche nel design di altri autori coevi) alcuni concetti di forma e funzione, permaneva, prevalente, "l'interesse sul segno"[35], insieme con il rifiuto di quella parte di "estetica razionalista che bandiva ogni elemento ludico e pretendeva di migliorare il mondo"[36] escludendo il piacere (fig. 37).

Presentato nel 1973, ancora sotto forma di prototipo, a un concorso belga per l'arredamento d'interni, "La Barca" aveva ottenuto un premio nell'anno (1974) precedente l'ingresso in produzione. Il sistema di elementi componibili, per le sue caratteristiche di flessibilità d'uso anticipava, assecondandolo, un cambiamento che non avrebbe riguardato solo l'Italia ma l'intero panorama internazionale. Le consuetudini domestiche quotidiane stavano per mutare ovunque, specie nei centri urbani. "La Barca" apparteneva di diritto a quelle espressioni del design che, al pari di altre in campo artistico o musicale possono essere comprese e condivise da popolazioni di ogni parte del globo, contribuendo a elevarne il gusto. Caratteristiche, queste ultime, che avrebbero indotto molto tempo dopo la nota designer Patricia Urquiola, dal 2016 Art Director di Cassina, a riscoprire e scegliere – per una mostra celebrativa del novantesimo anno dalla fondazione dell'azienda al Fuori Salone del Mobile di Milano (2017) – una versione di "La Barca" fra gli oggetti indicativi per il design del futuro.

Il clima di lavoro nello stabilimento Cassina era entusiasmante, nelle fasi cruciali il progettista faceva ritorno da Meda – dove si recava per intere giornate anche alla vigilia delle festività – alle otto di sera, con la nebbia, fino a che dai

36. Letto singolo con ripiano lungo lo schienale e "servomuto" mobile, 1975. Single bed with shelf along the headrest and "dress boy", 1975.

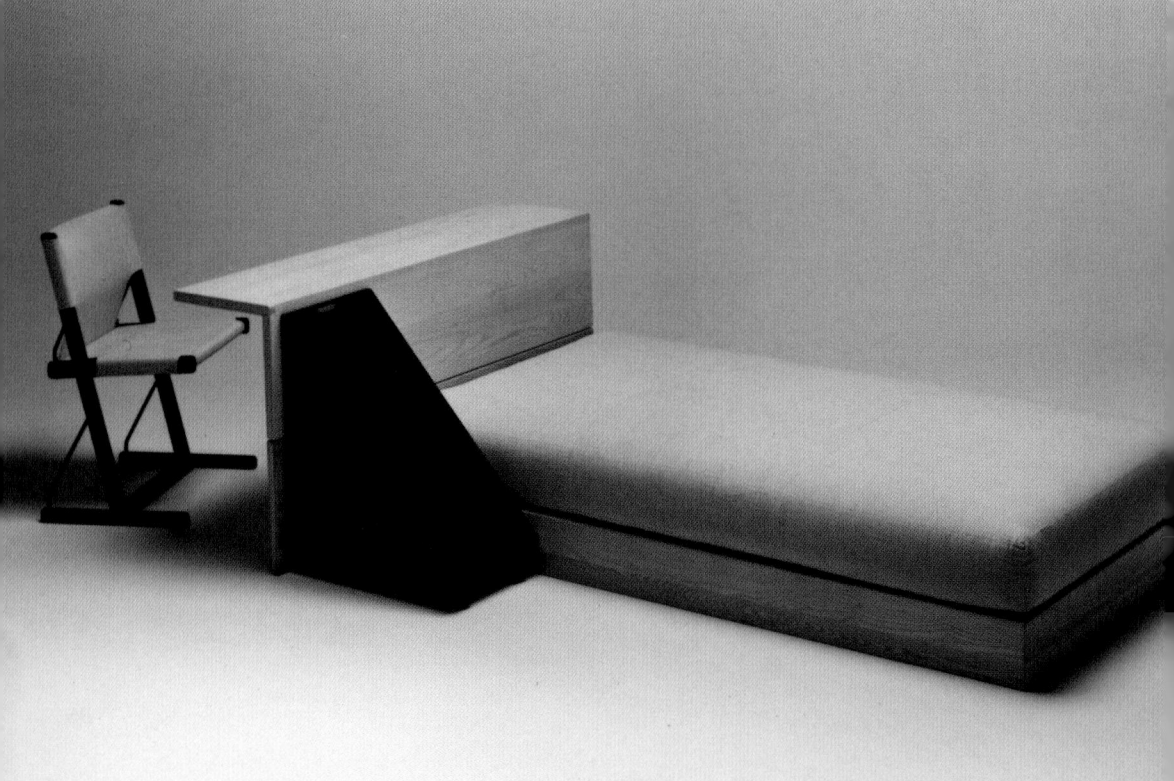

37. Esterno del
Centro Ricerche
Cassina,
prototipo di
"La Barca" abitato
da maestranze,
1974.
Outside of the
Cassina Research
Centre, workers
sitting on a prototype
of "La Barca", 1974.

thus not even contemplated) (figs. 29-32). The name of "La Barca" [The Boat] and the idea for its hinge system came from De Martini's own memories of a boat used by Indian fishermen on one of his travels (fig. 34). Underlining the key role played by the memory of man in the inspiration phase and creative process was the fact that the shape of the sofa was influenced by the Ottoman era.

In its profile and critique of the piece, Ottagono described De Martini as "a figure with whom Cassina has been working for years and who has made a name for himself in the world of furniture design not through a timid approach or a single piece, but by tackling the theme of the home as a whole"[32]. Given its lack of finishing, "La Barca" could be said to have been influenced by Arte Povera, which, according to one well-known critic of the time, "could only be understood as the transformation of the informal"[33], the product of "that climate which gives lifeblood to open spatiality, which reaches out to the environment"[34]. It was a concept, he added, that had been preceded and defined by

the unforgettable holes and slashes made into canvas by Lucio Fontana.

The element self-construction, which was implicit in the possibility to combine the components according to each person's tastes and needs (the images in the catalogue demonstrated this explicitly), stemmed from the influence of designers such as Enzo Mari and Bruno Munari. The former was a great proponent of low-cost solutions (such as the "Metamobile", 1974), which led to production models later imitated and adopted by large chains such as Ikea. Mari's creations came as kits featuring the individual parts of beds or pieces of furniture stripped down to the bare bones of simplicity, like a simple collection of wooden tables, with the buyer responsible for assembling the product. Munari's famous "Abitacolo" (1971) was very probably the inspiration behind "La Barca". The piece had impressive versatility for an almost elementary structure based around right-angles and made up of metal poles, with shelves that could be fixed at different heights and hooks for hanging objects and clothes.

due-tre (talvolta perfino quattro) prototipi iniziali non scaturiva il modello definitivo. Quando poi subentrava la cosiddetta "ingegnerizzazione" del prodotto, era l'azienda a predisporne il progetto esecutivo. Nei periodi più intensi l'attività di designer di De Martini assorbiva circa la metà del tempo dedicato al lavoro professionale. Talvolta interi pomeriggi in fabbrica trascorrevano in conversazioni fra il progettista e Francesco Binfarè su alcuni film visti (in particolare su opere di Fellini) o su libri appena letti. Quelle ore di apparente divagazione, considerate forse dalla dirigenza dell'azienda sperpero di tempo risvegliavano le energie creative, facendo emergere prima del rientro in fabbrica idee e proposte per l'esito del prototipo.

Al letto e al divano multiuso (circondati, in alcune soluzioni, da un ripiano che formava una sorta di collare, su cui appoggiarsi per scrivere o leggere o, semplicemente, per partecipare a una conversazione da posizione esterna rispetto all'invaso di seduta e agli astanti) (fig. 31) di "La Barca" seguirono nel 1976 accessori di servizio scorrevoli su ruote, accostabili in funzione di comodini o di "servomuto" (figg. 35, 36) e tavoli molto semplici in varie forme e misure, coordinati o coordinabili, tuttora in catalogo ("il tavolo è forse il pezzo più interessante della collezione", aveva commentato in proposito un redattore di "Ottagono")[37] (figg. 40-43). Il sistema di oggetti, come puntualmente avvenne quando un prototipo del divano fu poi immesso nella casa del designer, poteva accogliere ogni esigenza di gioco, ascolto di musica, studio e riposo infantile, adolescenziale o adulto – oltre la tradizionale conversazione. Ammirato per questo e un po' invidiato dagli amici dei figli e dai visitatori, abituali o di passaggio. Il limite era nel prezzo di vendita che, comprensivo dei costi di sperimentazione e messa a punto, non era alla portata dei più giovani, ideali destinatari di quel progetto. "La Barca" fu, infine, completato nel 1977

38. Divano-letto doppio con fianchi e schienale attrezzati a piano di lavoro.
Double sofa-bed with sides and backrest equipped with horizontal surfaces.

39. Letto doppio "La Barca" con piano di lavoro retrostante e "servomuto" mobile, Casina, 1975.
Double "La Barca" bed with rear worktop and valet stand, Cassina, 1975.

The production of modular systems – a phenomenon which had developed greatly in the late 1960s and early 1970s and beyond – was dominated by the idea of dividing up and articulating a space, giving it structure and architectural order. This concept had its roots in Le Corbusier's approach to living spaces, and when – in Paris, in 1976 – the Foundation Le Corbusier hosted in 1978 an exhibition of "Casiers Standard" designed by the Swiss master with Charlotte Perriand and Pierre Jeanneret and produced by Cassina, he decided to display a "La Barca", a piece he felt an affinity with. Years later, in the 1980s, when he (alongside Massimo Morozzi) was invited by the Craft Council to hold a conference at the University of Melbourne as part of the Spoleto Festival, De Martini observed that despite the fact that Le Corbusier operated within a somewhat rigid conceptual framework, he was nonetheless able to achieve results of undeniable poeticism. In the case of "La Barca", while some concepts of form and function were left behind (as was the case with other designers of the time), the prevailing sense that remained was an "interest in symbols"[35], together with a rejection of the "rationalist aesthetic that banished the notion of fun and focused on improving the world"[36], casting pleasure aside (fig. 37).

Having been entered into a Belgian competition for interior furniture in 1973, while it was still in its prototype phase, "La Barca" had already won an award the year (1974) before it had gone into production. The flexibility of the system of modular elements pre-empted a change whose impact would not be limited to Italy, but instead stretch across the international panorama. The day-to-day habits of domestic life were about to change all over the world, especially in cities. "La Barca" was a piece of design that – like music and art – could be understood and embraced by people in every part of the globe, a factor that helped boost its popularity. Many years later, this prompted the notable designer Patricia Urquiola, who is the Art Director of Cassina since 2016, to revisit a version of "La Barca" and select it, as an object capable of

40. Dettaglio di piano sovrapposto estensibile, tavolo serie "La Barca", Cassina, 1986.
Detail of a overlapping extractable surface, table of the series "La Barca", 1986.

41. Una fase di lavorazione in fabbrica del sistema "La Barca" di De Martini, Cassina, Meda, 1975.
One of the manufacturing phases of De Martini's "La Barca" system, Cassina, Meda, 1975.

42 a, b, c, d.
Tavoli "La Barca",
Cassina, 1976.
"La Barca" tables,
Cassina, 1976.

43. Tavolo "La
Barca" ampliabile
doppio aperto,
Cassina, 1976
"La Barca" table in
its double extended
setting, Cassina,
1976.

guiding the future of design, for an exhibition commemorating the company's 90th anniversary as part of Fuori Salone at the Milan Furniture Fair (2017).

Enthusiasm permeated in the Cassina factory. During the crucial stages of production, De Martini would only return from Meda at eight in the evening fog, staying for entire days – even during festive periods – until the two, three or even four initial prototypes had given way to the definitive product. When the process progressed into the engineering phase, the company set out the course of action for manufacture. In his busiest periods, De Martini's work as a designer accounted for around half of his professional activities. He sometimes spent whole afternoons at the factory, speaking with Francesco Binfarè about films he'd seen (especially the work of Fellini) or books he'd read. These hours of digression, perhaps considered by the company directors to be a waste of time, in fact awakened his creative energies, coaxing out ideas and suggestions of how to improve the prototypes.

The "La Barca" bed and multi-purpose sofa – which were sometimes surrounded by a shelf that formed a collar of sorts, providing a surface on which to write, read or simply participate in a conversation from an external position (fig. 31) – were followed, in 1976, by accessories on wheels which could be moved as required (figs. 35-36), and a range (figs. 40-43) of very simple tables in a variety of shapes and sizes. These tables, which were either matching or could be matched, are still in the catalogue today ("the table is perhaps the most interesting piece in the collection," remarked one writer in the "Ottagono")[37]. As was quickly proved when a prototype sofa was places in the designer's own home, it was able to accommodate anything from playtime, music, study, rest (children, adolescents and adults found it equally agreeable in this sense) and, of course, conversation. It was, as such, admired and envied by De Martini's visitors and friends of his children. The only obstacle was the selling price, which – when adjusted to include development costs – was beyond the reach of the young, who would have been the ideal target audience. "La

con il disegno e la realizzazione di tre fra sedie e poltroncine in legno e tessuto teso (sempre in tema, "le tre Caravelle": "Nina", "Pinta" e "Santamaria") sovrapponibili, la prima con sostegni metallici a T, le altre due con struttura portante in faggio naturale tinto in noce o ebano (fig. 44-57). L'anno seguente poneva in risalto una delle più significative trasformazioni avvenute nel paese dal secondo dopoguerra nel campo dell'arredamento. Infatti, "se ancora nel 1968 in Italia circa il 70% del consumo"[38] era "coperto da mobili in stile classico-tradizionale[39], dieci anni dopo più del 60% della domanda" era, invece, "rivolto a mobili di linea moderna, cioè influenzati dal design"[40].

44. Piero De Martini, la sedia "Nina", dal catalogo della ditta Cassina, 1977 (foto Aldo Ballo).

Piero De Martini, the "Nina" chair, from the Cassina catalogue, 1977 (photo Aldo Ballo).

45. Piero De Martini, esemplari della sedia "Nina" sovrapposti, dal catalogo della ditta Cassina, 1977 circa (foto Aldo Ballo).

Piero De Martini, examples of "Nina" chair stacked on top of each other, circa 1977, from the Cassina catalogue, 1977 (photo Aldo Ballo).

46. Piero De Martini, sedia "Nina", 1977 (foto Aldo Ballo).
Piero De Martini, "Nina" chair, 1977 (photo Aldo Ballo).

47. Piero De Martini, due esemplari della sedia "Nina" sovrapposti, 1977 (foto Aldo Ballo).
Piero De Martini, two examples of the "Nina" chair stacked on top of each other, 1977 (photo Aldo Ballo).

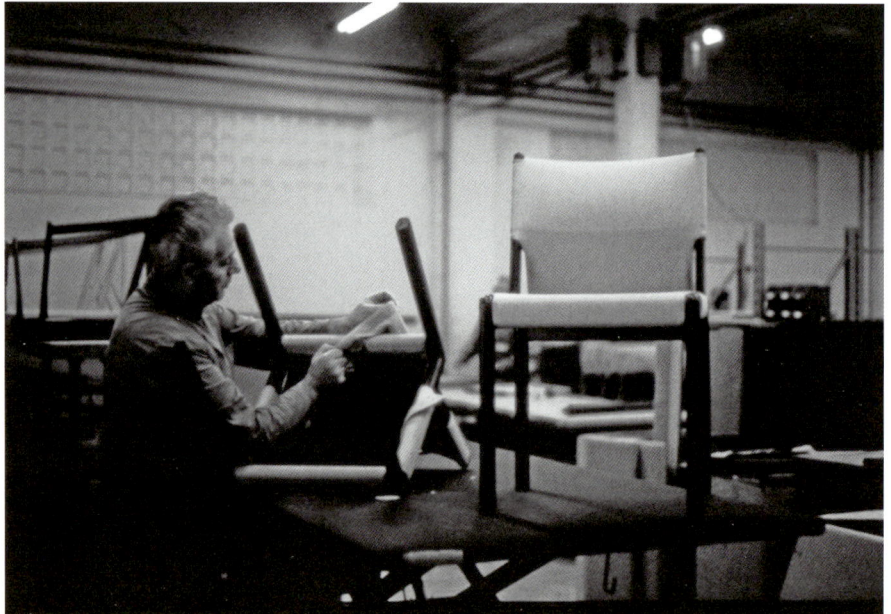

48. Un artigiano lavora alla sedia in faggio "Pinta" di De Martini, reparto di tappezzeria della ditta Cassina, 1977.

An artisan works on De Martini's "Pinta" chair in beech, Cassina tapestry department, Meda, 1977.

49. Piero De Martini, sedia "Pinta", 1977, dettaglio d'innesto della spalliera sulla struttura portante, dal catalogo coevo dell'azienda.

Piero De Martini, "Pinta" chair, 1977, joint detail of the backrest with the supporting structure, from the company catalogue.

50. Piero De
Martini, struttura
della sedia "Pinta",
1977.
Piero De Martini,
the structure of the
"Pinta" chair, 1977.

51. Piero De
Martini, sedia
"Pinta", 1977 (foto
Aldo Ballo).
Piero De Martini's
"Pinta" chair, 1977
(photo Aldo Ballo).

52. Piero De
Martini, sedia
"Pinta" con
il tessuto di
rivestimento
adagiato a terra,
1977.
Piero De Martini,
"Pinta" chair with
the upholstery fabric
laying on the floor,
1977.

53. Piero De
Martini, sedia
"Pinta" disposta
di profilo, 1977,
dal catalogo
dell'azienda
Cassina (foto Aldo
Ballo).
Piero DeMartini,
profile of the "Pinta"
chair, 1977, from the
Cassina catalogue
(photo Aldo Ballo).

54. Piero De
Martini, sedie
"Tre Caravelle" al
completo, 1977
dal catalogo della
ditta Cassina
(foto Aldo Ballo).
Piero De Martini, the
"Tre Caravelle" chairs
in full, 1977, from
the Cassina catalogue
(photo Aldo Ballo).

55. Un artigiano
esegue il
montaggio
della sedia (con
braccioli)
"Santamaria" di
De Martini, reparto
di tappezzeria
dell'azienda
Cassina, 1977.
An artisan assembles
De Martini's
"Santamaria" chair
(with armrests),
Cassina tapestry
department, 1977.

56. Piero De
Martini, sedia
con braccioli
"Santamaria", 1977,
dal catalogo coevo
della ditta Cassina
(Foto Aldo Ballo).
Piero De Martini,
"Santamaria" chair
with armrests, 1977,
Cassina catalogue
(photo Aldo Ballo).

57. Piero De
Martini, sedia
"Santamaria",
dettaglio
d'innesto di un
bracciolo e del
rivestimento, 1977.
Joint detail of
an armrest and
the covering,
"Santamaria" chair,
1977.

58. La casa
di De Martini
in montagna,
ambiente interno
con divano "La
Barca"(1975-
1976,Cassina),
Meda, 1978 (foto
Piero De Martini).

De Martini's home
in the mountains,
interior with "La
Barca" sofa (1975-
76, Cassina), Meda,
1978 (photo Piero
De Martini).

59. La casa
di De Martini
in montagna,
esterno, 1978

Piero De Martini,
the designer's home
in the mountains,
outside, circa 1978
(photo Piero De
Martini).

60. La casa di
De Martini in
montagna con
poltrone "Carlotta"
di Tobia Scarpa
(ditta Cassina,
1967), 1978, (foto
Piero De Martini).

De Martini's home in
the mountains with
"Carlotta" armchair
by Tobia Scarpa
(Cassina, 1967),
1978 (photo Piero
De Martini).

Secondi anni settanta, ritorno dell'autore alla tradizione "classica"

Del nucleo familiare non fanno parte, di solito, solo giovani e bambini: una visita di Francesco Binfarè nella casa di campagna della madre di Piero in Monferrato diede l'idea di progettare una poltrona per i più anziani, sull'esempio della tradizionale, ormai desueta bergère, con tanto di appoggi laterali sull'alto schienale per consentire il sonno pomeridiano. Fu qui che nacquero, insieme con due nuovi modelli (il divano "Violoncello", 1977) (fig. 65) di sedute imbottite (messe a punto con l'aperta intenzione dell'autore di riprodurre qualità insite negli omonimi strumenti musicali) e quasi in contrapposizione con la grezza ortogonalità di "La Barca", la fluida, morbida forma della nuova protagonista, la poltrona ad alto schienale "Viola d'Amore" (fig. 70) (stesso anno, l'idea del tessuto in tensione su telaio ligneo era scaturita da certe tende di popolazioni nomadi del deserto, i Tuareg) (fig. 72). Oggetti dove il virtuosismo esecutivo

61. La casa in montagna di De Martini con divano dell'autore "La Barca", 1975 (foto Piero De Martini)
De Martini's mountains house with "La Barca" sofa, 1975 (photo Piero De Martini)

62. interno della casa di montagna di De Martini interno (foto Piero De Martini).
Internal of De Martini's mountains house(photo Piero De Martini).

Barca" was finally completed in 1977 with the design and production of three stackable chairs and armchairs in wood and stretched fabric ("Le Tre Caravelle" : "Nina", "Pinta" and "Santamaria"). "Nina" featured T-shaped metal supports, while the other two had natural beechwood structures stained to look like walnut or ebony (figs. 44-57). The following year brought with it one of the most significant changes in the Italian furniture industry since the end of the Second World War. Indeed, "while in 1968 around 70% of consumption in Italy"[38] was "accounted for by furniture in the classical/traditional style"[39], "ten years later over 60% of demand" was, by contrast, "for design-influenced furniture with modern lines"[40]

Late 1970s, De Martini's return to "classic" traditions

Youngsters and children alone do not, usually, make up the family nucleus. A visit made by

Francesco Binfarè to the country home of De Martini's mother in Montferrat led to an idea to design an armchair for elderly people. It was to be based around the traditional – and, by now, rare – bergère, with headrests on either side of the backrest designed for an afternoon snooze. This was the birth of the "Viola d'Amore" (1977) (fig. 70) armchair with high backrest, while the padded "Violoncello" sofa (1977) (fig. 65) (for which the designer's stated intention was to recreate the innate qualities of the cello) were also designed soon afterwards. They were almost the exact opposite to the simple lines of "La Barca", with fluid, soft shaping. Meanwhile the idea of stretching fabric over a wooden frame was inspired by the tents used by the nomadic Tuareg people in the desert (fig. 72). Skill in the manufacturing phase was vital to these products, with the finished shape not pre-ordained but rather achieved as a result of endless attempts and tiny, if not miniscule, adjustments. The designer was inspired by the strings of the violin,

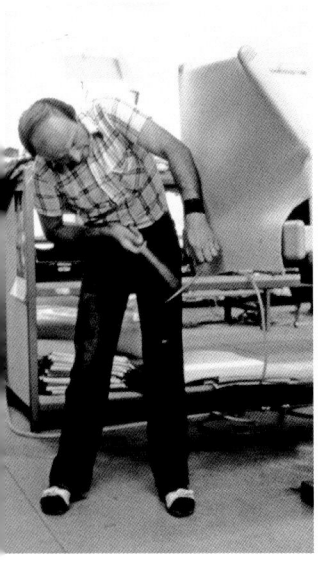

63. Un artigiano
dell'azienda
Cassina, monta in
fabbrica il divano
"Violoncello" di De
Martini, 1977.
A Cassina artisan
in Meda assembles
De Martini's
"Violoncello" sofa in
the factory, 1977.

64. Fase di
lavorazione
del divano
"Violoncello",
montaggio del
tessuto, Cassina,
1977.
Production phase for
the "Violoncello" sofa,
application of the
fabric, Cassina, 1977.

65. Piero De
Martini, il divano
"Violoncello",
Cassina, 1977, dal
catalogo coevo
dell'azienda (foto
Aldo Ballo).
De Martini's
"Violoncello" sofa,
Cassina, Meda, 1977,
from the company
catalogue (photo
Aldo Ballo).

66. Piero De
Martini, il divano
"Violoncello",
Cassina, 1977,
dettaglio della
fiancata (foto
Aldo Ballo).
De Martini's
"Violoncello" sofa,
Cassina, Meda, 1977,
side detail (photo
Aldo Ballo).

67. Interno di abitazione a Kew Garden, Londra, con il designer seduto sul divano "Violoncello", (Cassina, 1977), 2016 (foto Lynne Wilson).
Inside a house in Kew Gardens, London, with the designer sitting on the "Violoncello" sofa, (Cassina, 1977), 2016 (photo Lynne Wilson).

68. Piero De Martini, due esemplari del divano "Violoncello", a tre e a due posti e la poltrona "Viola d'Amore", Cassina, dal catalogo coevo dell'azienda, 1977 (foto Aldo Ballo).
Piero De Martini, two examples of "Violoncello" sofa, in the two- and three-seater versions, and "Viola d'Amore" armchair, Cassina, from the company catalogue, 1977 (photo Aldo Ballo).

69. Dettaglio di giunzioni e accostamenti sul retro dello schienale, dal catalogo della ditta Cassina, 1977 (foto Aldo Ballo).
Detailed view of the joints and combinations on the rear of the backrest, from the Cassina catalogue, 1977 (photo Aldo Ballo).

70. La poltrona "Viola d'Amore" rivestita in tessuto chiaro, Cassina, 1977 (foto Aldo Ballo).
The armchair "Viola d'Amore" upholstered in light fabric, Cassina, 1977 (photo Aldo Ballo).

71. "Viola d'Amore" in versione a due posti, 1977, Cassina (foto Aldo Ballo).
The "Viola d'Amore" armchair and matching pair form a two-seater sofa, 1977 (photo Aldo Ballo).

72..
Accampamento
di nomadi di tribù
Tuareg in Africa,
secondi anni
settanta (foto
Piero De Martini).
A camp of the
nomadic Tuareg tribe
in Africa, late 1970s,
(photo Piero De
Martini).

73-74.
Fase di
rivestimento della
poltrona "Viola
d'Amore, Cassina,
1977 (foto Piero
De Martini).
Hpholstery phase
of "Viola d'Amore"
armchair, Cassina,
1977 (photo Piero
De Martini).

era fondamentale e la forma finita non nasceva 'a priori', ma era raggiunta in seguito a ripetute prove e minuscoli, talvolta quasi infinitesimi, aggiustamenti. L'autore pensava, nel progettare, a corde di violino, a un gioco di tiranti e di puntoni, di superfici in tensione proprie dello strumento, esile come nessun altro, capace di sopportare il carico di centinaia di chilogrammi causato dal tiro delle corde. Quando uscì, "Viola d'Amore" era considerata il pezzo più importante della collezione. Nella descrizione del designer, l'esemplare aveva preso forma da una base quadrata in legno con dei fori da cui emergevano montanti, intorno a essi veniva steso il tessuto di rivestimento, poi circa a metà veniva inserito un cuscino e se ne provava l'effetto. Via via che si procedeva, erano precisate sezioni e dimensioni strutturali. Dopo tre o addirittura quattro prototipi era stata realizzata la forma definitiva, la grazia leggera e un po' fluttuante dell'insieme era ottenuta attraverso un'appena percettibile inclinazione in avanti dei braccioli e le evidenti tensioni impresse al rivestimento (in tessuto o in

75. Struttura a nudo della poltrona "Viola d'Amore", Cassina, 1977 (foto Piero De Martini). Upholstery of "Viola d'Amore" armchair, Cassina, 1977 (photo Piero De Martin).

76. Piero De Martini, poltrona "Viola d'Amore", dettaglio della struttura portante. Piero De Martini, bare structure of the "Viola d'Amore" armchair, Cassina, 1977 (photo Piero De Martini).

pelle). Quest'ultimo, più che mai resistente all'usura come, dopo alcuni decenni di utilizzo senza scrupoli e riguardi da parte di familiari e amici dell'autore, dimostra tuttora l'impeccabile stato di conservazione; a destare rispetto, tracce d'invecchiamento naturale, simili a rughe d'espressione sul volto già maturo di una diva, un tocco appena di quel seducente tono blasé connaturato a un esemplare d'epoca (fig. 77).

"Viola d'Amore" si contrapponeva per volontà del progettista a un mondo di oggetti stereotipi di Joe Colombo, "i rotoli", e simili, portando alle estreme conseguenze di modulazione armonica, in un misurato trionfo di linee fluide e con un taglio da "abito su misura" d'alta sartoria la già in parte curvata, ma ancora racchiusa in compatta forma cubica, linea del modello "567" di Mario Bellini, di due anni prima. La peculiarità del Design italiano era all'epoca anche questa, essere capaci, come lo erano da sempre i suoi principali protagonisti, di creare modelli totalmente diversi dai precedenti anche se in qualche modo a essi debitori; di individuare soluzioni che ottenessero dai materiali, nuovi o tipici di una lunga tradizione, prestazioni al limite delle possibilità di sopportazione di carico e d'uso. Nell'ultimo caso, occorreva vincere la resistenza degli artigiani a forzare i limiti, sfidarne l'orgoglio di mestiere ad andare oltre. Indurli, ad esempio, a ridurre e assottigliare le sezioni del legno nei sostegni strutturali, anche se abituati a spessori ben più rassicuranti.

Da un rapporto ufficiale dell'azienda Cassina che risale al 1975 risultava una "specializzazione nei mobili imbottiti e nella lavorazione del legno"[41], i primi costituivano addirittura il 70% delle vendite.

77. Casa De Martini, Milano, poltrona in cuoio nero "Viola d'amore" (ditta Cassina, 1977), anni duemila, (foto Laura Falconi).
De Martini's house, Milan, "Viola d'amore" armchair in black leather (Cassina, 1977), 2000s (photo Laura Falconi).

Anni settanta, nuovi negozi e nuovi cataloghi per aziende di un settore in espansione

Fin dai primi anni settanta le aziende più attive nel campo del design e del mobile facevano a gara nell'inaugurare sempre nuovi showroom in città italiane e d'oltralpe, aprendo spazi espositivi in paesi occidentali o in estremo Oriente, affidati all'allestimento dei propri designer, da Vico Magistretti a Tobia Scarpa, da Marco Fantoni ed Eugenio Gerli a Mario Bellini. La ditta Tecno, nelle circostanze, promosse anche una contestuale valorizzazione dell'opera di artisti come Agenore Fabbri o Lucio Fontana (autore, fra l'altro, di un'erma scultorea dell'architetto e imprenditrice Valeria Borsani d'impronta regale, contemporanea "Nefertiti"). Una presenza che non passava inosservata all'estero e che portò alla conquista di nuovi spazi di mercato e di un incontestato prestigio internazionale per l'intero settore del "Made in Italy". Altro fertile terreno di concorrenza (e oculata forma d'investimento) fra le principali aziende riguardò la grafica dei cataloghi e dei manifesti, così come la stessa immagine fotografica pubblicata sulle riviste di settore. Seguendo l'esempio anticipatore di Olivetti in materia, Cassina ricorse, fra l'altro, all'abilità di Bruno Romano per pubblicizzare su manifesti la poltroncina "Soriana" degli Scarpa, Compasso d'Oro 1970 (fig. 78), e al celebre fotografo Aldo Ballo per molte riproduzioni di opere di design. Da Artemide a Flos (che scelse di affidare a Max Huber i propri cataloghi) a Tecno, tutte le aziende leader promossero analoghe collaborazioni, con risultati di altissima qualità.

Il biennio 1973-1974 aveva fatto registrare nel paese tassi di crescita paragonabili al periodo del cosiddetto 'miracolo economico', con aumento della

deploying tie-rods and struts to create taut surfaces reminiscent of the instrument itself, as sleek as could be yet capable of supporting hundreds of kilograms in weight on those strings. When it was released, "Viola d'Amore" was considered the most important piece in the collection. According to De Martini, the chair had taken shape from a square, wooden base with holes for the supports. The fabric was stretched around this, then around halfway up a cushion was incorporated, which could be felt when in use. As development continued, the structure and dimensions were tweaked and adjusted and – after three or perhaps even four prototypes – the definitive version was completed. The light, floaty grace of the chair was obtained through the armrests, which slanted forward ever so slightly, and the evident tension of the upholstery (in fabric or leather). This was more resistant to wear and tear than ever, and after multiple decades of unforgiving use by the designer's family and friends, it was still in impeccable condition. There were, of course, the signs of natural ageing, similar to the wrinkles on the face of a glamourous older lady, creating the kind of nonchalant, natural charm that only a seminal piece can convey (fig. 77). De Martini wanted "Viola d'Amore" to contrast with the stereotypical objects associated with Joe Colombo, including "I Rotoli" and similar. He was keen to take the idea of harmonious modularity to the extreme, achieving a calculated triumph of fluid lines, while the curved part had a feel similar to that of a bespoke suit. This has already been seen in the compact, cubic form of Mario Bellini's model "567" two years previously. This was part of the essence of Italian design at the time: being able to create models that were totally different to, yet at the same time borrowed from, their predecessors, something that the leading industry figures had always been skilled in. Italian design was creating solutions that achieved results at the limits of possibility in terms of load support and use from materials that were both new and stemming from long traditions. At times, designers had to persuade craftspeople to push the limits, challenge their

pride as artisans and push them to, by way of example, reduce to width of wooden structural supports, where they would have been used to opting for much more reassuring dimensions. According to the official Cassina company report of 1975, the company had by that point "specialised in padded furniture and woodworking"[41], with the former accounting for 70% of sales.

1970s, new stores and new catalogues for companies in an expanding sector

Up until the early 1970s, the most active companies in the design and furniture sectors competed to be the first to open new showrooms in Italian and French cities, launching exhibition spaces in Western or Far Eastern countries and entrusting the layout of these to designers including Vico Magistretti, Tobia Scarpa, Marco Fantoni, Eugenio Gerli and Mario Bellini. Tecno company also helped to boost the reputation of the work of artists like

Agenore Fabbri and Lucio Fontana (who created a sculpture of the architect and entrepreneur Valeria Borsani looking decidedly regal, like a modern-day Nefertiti). The strength of the sector in Italy did not go unobserved abroad and indeed led to the industry increasing its market presence and boosting the international prestige of anything made in Italy. Another patch of fertile ground for competition (and prudent investment) between the main companies was represented by the graphic design of their catalogues and advertising material, as well as photographs publishing in industry magazine. Following the example of Olivetti, Cassina turned to the talents of Bruno Romano to help it advertise the Scarpas'"Soriana" armchair, which had won the Scarpa Compasso d'Oro in 1970 (fig. 78), while the renowned photographer Aldo Ballo was used for many shots of other models. From Artemide to Flos (who enlisted Max Huber for its catalogues) via Tecno, all of the leading companies struck up similar partnerships, with top-quality results.
In 1973 and 1974, Italy registered growth

produzione industriale, degli investimenti e dell'occupazione. Anche se l'anno successivo, 1975, "l'indice della produzione segnò un arretramento e gli investimenti precipitarono molto al di sotto della soglia precedente, ...i settori tradizionali, a tecnologie leggere e flessibili"[42] indicavano "una sostenuta tendenza all'accumulazione e all'ampliamento della capacità"[43]. In particolare, l'industria privata investiva di più nei "settori a largo contenuto di lavoro qualificato e media intensità di capitale"[44].

Nel decennio "dell'alta conflittualità"[45], ossia "negli anni settanta, quando la speculazione mise in pericolo i profitti e qualche volta la sopravvivenza delle grandi industrie, le imprese medio-piccole e le regioni industriali progredirono. La loro crescita è stata considerata un'alternativa radicale alla strategia del 'campione nazionale'[46]. Le piccole imprese si specializzarono in attività tradizionali a elevata densità di lavoro e crebbero intorno a forme di relazioni flessibili, estranee alla logica della gerarchia accentrata dei grandi affari...."[47].

La crescita elevata tornò a caratterizzare il quinquennio sino al 1980 ma, anche se il 1981 avviò un triennio di recessione, il settore del mobile non fu coinvolto nella fase "stagnante"[48] della produzione industriale, partecipando, al contrario, del "peso crescente assunto dalle medie e soprattutto piccole imprese, le sole ad aumentare l'occupazione..."[49]. L'aspetto negativo dello sviluppo nel comparto riguardò, invece, la fabbricazione di un gran numero di prodotti di scarsa qualità da parte di industrie desiderose di partecipare ai benefici commerciali che l'attività delle aziende più evolute aveva aperto e conquistato nel mondo.

rates similar to those that characterised the so-called "economic miracle", with industrial production, investment and employment all on the up. Although in 1975 "the production rate started to fall back and investment was significantly down on the previous period (…), the traditional sectors, including light and flexible technology"[42] registered "a sustained shift towards increased production capacity"[43]. More specifically, private industry was investing more in "medium capital-intensive sectors characterised by specialist work"[44].

In the decade "of great conflict"[45], i.e. "in the 1970s, when speculation endangered profits and on occasion the local authority protecting big industry, SMEs and industrial regions did make some progress. Their growth was considered a radical alternative to the "national sample"[46] strategy. Small businesses specialised in traditional activities requiring high volumes of work and grew through a network of flexible relationships, something at odds with the centralised hierarchical logic of big business"[47].Elevated growth returned between 1975 and 1980, and although 1981 heralded the beginning of a three-year recession, the furniture sector was not pulled into what was a period of "stagnation"[48] for industrial production. Instead, the sector was partly behind the "growing importance of small- and medium-sized businesses, which are the only group to have registered increased employment…"[49]. The negative side to the sector's development was the production of a large number of poor quality products by manufacturers keen to claim a slice of the commercial benefits that more specialist companies had earned around the world.

International success of Italian manufacturing and the early signs of a production crisis

The decision of De Martini and other designers to produce, in the second half of the 1970s, a series of objects that were warmer, softer, more inviting and destined to last in

Successi internazionali del "Made in Italy" e sintomi precoci di crisi del sistema produttivo

Alla scelta di designer come De Martini di dare corso, dalla seconda metà degli anni settanta, a una serie di oggetti più intimamente "caldi", soffici e rassicuranti, destinati a durare come fossero sempre esistiti non era, forse, del tutto estraneo (oltre all'influenza di modelli precursori di Magistretti, come il divano "Fiandra" per Cassina) il desiderio di porre freno all'ingiustificata proliferazione di modelli che aveva negli ultimi tempi impensierito i più avvertiti fra gli addetti ai lavori. Riguardo alla recente edizione milanese del Salone del Mobile, Daniele Baroni aveva scritto di "progetti senza destino"[50]. Precisando: "…Il design dell'arredamento è dovunque in crisi anche per eccesso di proposta (…), di logica frenetica e consumistica"[51], di conseguenza "si sviluppa un livellamento qualitativo… differenziato solo nelle fasce dei prezzi…"[52]. Si realizzavano, infatti, "linee di mobili ingombranti e opulenti, spesso sottolineate da denominazioni ridondanti, come se l'economia nazionale godesse di buona salute…, ma per quale committenza, e per quale clientela?"…sembra fatale che si debba concludere un ciclo…"[53].

Mario Bellini, avendo dispensato qualche tempo prima non lieve lezione d'ironia con l'illimitato divano "Kar-a-Sutra" (Cassina) nella già citata mostra del Design italiano a New York non usava riguardi verso gli irriducibili, auto-referenziali gruppi o designer che ambivano ritenersi 'alternativi al sistema'[54]. Pur stigmatizzando come "sterile, velleitario (…) fare del 'Controdesign', …con la inevitabile complicità delle industrie, …illudendosi di sfuggire al processo di mercificazione in cui tutto ciò finisce…"[55], metteva però a sua volta in guardia dalla "sottile

time as if they had existed for ever and ever, was probably not unrelated to a desire to put a stop to the undeserved proliferation of models that had bewildered the more observant industry professionals (in addition to the influence of a number of pieces by Magistretti, such as the "Fiandra" sofa for Cassina). Writing about the most recent edition of the Milan Furniture Fair, Daniele Baroni had lamented "projects without a destiny"[50], stating that "furniture design is in crisis everywhere, partly due to an excess in products (…) created according to chaotic, consumerist logic"[51], leading to "a levelling out in terms of quality, with the only differences found in the price ranges…"[52]. Baroni described the output of the sector as "lines of bulky, opulent furniture, often topped off by exaggerated names, as if the country's economy is in good shelf. But who is commissioning this? Who is the clientele? It seems inevitable that a cycle is coming to an end…"[53].

Mario Bellini, who had already given a lesson in irony with his successful "Kar-a-Sutra"

(Cassina) in the aforementioned Italian design museum in New York, did not pay much attention to the steadfast, self-referential groups or designers who aimed to be "alternatives to the system"[54]. While he defined "this phenomenon of 'counter-design' is sterile and fanciful, with the inevitable complicity of industry. They delude themselves into thinking that they're moving away from the process of commodification, which is where everything ends up…"[55], he did warn against the "subtle arrogance of 'good design'"[56] and the "naïve petulance of new proposals for a new way of…"[57] and the "gratuitous vulgarity of the inexorable repertoire of variants and inventions in the 'design style'"[58].

Reading the analysis, written some a couple of years later, of the art critic Guido Ballo (who had been the curator of a series of notable exhibitions at the Royal Palace, including an event about Lucio Fontana), it seems clear that crisis was not just limited to design and instead was a more general problem concerning ideas: "If you say that the Biennale and Triennale

arroganza del "Good Design"[56], dalla "'ingenua petulanza delle 'nuove proposte per un nuovo modo di….'"[57], dalla "gratuita volgarità dell'inesauribile repertorio di varianti ed invenzioni formali in 'stile design'"[58].

Che la crisi fosse più in generale d' idee e non riguardasse solo il design appare evidente nell'analisi (di un paio d'anni posteriore) di un critico d'arte. Notava Guido Ballo (già curatore a Palazzo Reale d'importanti rassegne, fra queste la mostra su Lucio Fontana): "Se uno, ad esempio, dice che Biennale e Triennale prima andavano meglio è subito accusato di essere reazionario, di non stare ai tempi, di non capire il nuovo rapporto fra arte e politica. È un fatto: così come sono non funzionano né la Biennale di Venezia né la Triennale di Milano"[59], "… istituzioni che "dal 1948 al 1966' hanno però avuto con chiarezza una funzione informativa per il più vasto pubblico, oltre che per gli iniziati…."[60]. Proseguiva: "… Nel '68, artisti che avevano ricevuto 'tutto' dalla Biennale di Venezia, assieme ad altri uomini di cultura la contestarono… la offesero in tutti i modi… contestazione che coincise con l'altra che distrusse addirittura la Triennale milanese…. Lucio Fontana, quando vide che proprio artisti premiati, esposti varie volte, lanciati da Venezia, gridavano per contestare, disse: "La Biennale è ancora l'unica (istituzione, nda) che dà un poco di prestigio a questa nostra cultura artistica"[61]. Il critico definiva "intellettualistica e falsa"[62] l'edizione della XV Triennale (qui si faceva riferimento alla mostra "Lo spazio vuoto dell'habitat", ideata e allestita da Eduardo Vittoria, nda) quando aveva "cercato di offrirsi come puro spettacolo"[63], di conseguenza "caduta nel vuoto"[64]. Eppure, concludeva, si trattava di un'istituzione (la Triennale, nda) "che gli altri paesi c'invidiano"[65]. L'effervescente curatore (già progettista per Olivetti di fabbriche nel Canavese) aveva già suscitato in precedenza, con l'edizione dell'anno 1963 dedicata al tempo libero reazioni polemiche e indignate da

were in better shape before, for example, you're instantly accused of being reactionary, of not staying with the times, of failing to understand the new relationship between art and politics. It's a fact, just as it's a fact that neither the Venice Biennale nor the Triennale di Milano are working[59]." According to Ballo, these were institutions that "between 1948 and 1966 had clearly played an informative role for the wider public as well as for beginners"[60]. "In 1968," he continued, "artists who had received 'everything' from the Venice Biennale, and other men of culture, began to complain about it… denigrate it in every way possible. One complaint followed the next and began to destroy even the Triennale di Milano. When Lucio Fontana saw that even artists that had been awarded prizes, that had been given numerous exhibitions and had seen their careers kickstarted by Venice, had turned against it, he stated: 'The Biennale is still the only [institution] that adds a tough of prestige to our art culture."[61]. The critic believed the 15th edition of the Triennale as "intellectualistic and false"[62], referring mainly to the "Lo spazio vuoto dell'habitat" [The empty space of habitat] exhibition designed by Edoardo Vittoria. It had, according to Ballo, "tried to present itself as pure spectacle"[63] and had consequently "fallen into the void"[64]. Nonetheless, he concluded, the Triennale was an institution "that other countries envy us for"[65]. The exuberant curator (who had designed factories in the Canavese region for Olivetti) had already sparked controversy and indignation among designers and critics with his remarks about the 1963 edition, dedicated to "free time", with only a small majority – albeit one containing big names such as Bruno Zevi – appreciating and agreeing with his motives. The general complaint in that instance was the choice of theme – free time – which was considered to be overlooking alienation problems caused by industrial operations and the capitalist society, both of which were at the centre of the intellectuals' attention, who attempted to find the ways and means for an alternative course of development. These efforts soon gave way to youth protests against

parte di designer e critici, solo una stretta minoranza (che includeva però nomi di spicco come Bruno Zevi) ne aveva apprezzato e condiviso le finalità. Il rifiuto generalizzato riguardava in quel caso la scelta stessa del tema, il tempo libero, considerato evasivo rispetto ai problemi dell'alienazione causata dal lavoro industriale e dalla società capitalistica, posti al centro dell'interesse da parte degli intellettuali. Questi ultimi ricercavano, all'epoca, modi e percorsi per una possibile alternativa di sviluppo; impegno che si sarebbe tradotto di lì a poco in forme di protesta giovanile contro abitudini stratificate e privilegi, poi estese ad altri settori e soprattutto al lavoro in fabbrica. Più difficile ricostruire a posteriori i motivi reali di una simile stroncatura riguardo alla più recente manifestazione espositiva, considerata forse dai detrattori frutto di una distribuzione e spartizione d'incarichi fra potere politico e istituzioni che seppelliva ogni speranza e desiderio di cambiamento. Se il primo evento espositivo era stato giudicato da molti sterile, al secondo i più severi esegeti imputarono l'adesione a un disarmante riflusso che presto avrebbe pervaso ogni settore operativo. Non a caso erano colti a Milano nel periodo anche primi allarmanti segnali di "depressione culturale riguardo le arti"[66] imputabili solo in parte alla crisi economica.

A fronte, verso fine anni settanta, di una progressiva perdita di peso dell'arte nelle riviste di design, e di un sensibile distacco fra le arti che faceva sentire i suoi primi deleteri effetti, avanzava nelle università e altrove un indirizzo tecnologico (inventore di una "normativa esigenziale" che si pretendeva contenesse requisiti scientifici inconfutabili, una specie di assioma alla base del progetto, quasi più importante del risultato finale) proteso alla conquista di autonomia disciplinare e di potere, ottenendo spazi anche sulle riviste culturalmente più avvertite, come "Ottagono". Quest'organo di stampa rifletteva fin

embedded lifestyles and privilege before spreading to other sectors and – especially – to the factories. It is difficult now to reconstruct the actual motives for such a slating of the more recent exhibition, which was probably seen by its detractors to have been the result of the distribution and division of roles between political powers and institutions, thus undermining any hopes or desires for change. And while the first exhibition was adjudged to have been extremely sterile, the second was – according to the harshest critics – said to have joined a regression that would soon permeate through all operational sectors. It is no coincidence that it was during this period that Milan saw the first alarming signs of a "cultural depression in the arts"[66], which could only be partly attributed to the economic crisis. The late 1970s brought with it the progressive decline of the importance of art in design magazines, as well as the first negative effects of the clear disconnect between the various arts. It was within this context that a shift towards technology began in universities and elsewhere,

with the aim of achieving greater autonomy and power for each discipline. This would lead to the advent of legislative measures requiring projects to meet with irrefutable scientific prerequisites which were almost more important than the finished project itself. The phenomenon even received coverage in the more culturally informed magazines such as "Ottagono". The magazine had always represented the heterogeneous intellectual interests of a whole generation of critics, professionals and designers, who had been brought up in the culturally syncretistic and open school (one with vast, heterogeneous interests) of the great masters, with the willing support of advanced enterprise. On leafing through a copy, you would not only receive up-to-date information on all new products and significant events in the design world (for interiors, the magazine regularly published the best displays), but you could also go from Bruno Munari fascinating exploration of "balances of opposites" (a series of landscapes, including deserts, Persian mosques and Frank Lloyd Wright's "Fallingwater" seen through the

dagli inizi gli interessi intellettuali, vivi ed eterogenei, di una generazione di critici, professionisti, designer. Formati, questi ultimi, alla scuola (dagli interessi vasti ed eterogenei) culturalmente sincretistica e aperta dei grandi maestri, con il complice sostegno dell'imprenditoria più avanzata. Sfogliarlo voleva dire non solo ricevere puntuale informazione su ogni prodotto o avvenimento significativo di design (nel campo degli interni, erano puntualmente pubblicati gli allestimenti più rappresentativi), ma passare, ad esempio dalle stimolanti divagazioni di Bruno Munari sugli "equilibri degli opposti" (in un'alternanza di vedute di paesaggio: lande desertiche, moschee persiane, "casa sulla cascata" di Frank Lloyd Wright vista attraverso il filtro degli alberi) alle struggenti immagini d'archivio della periferia milanese prima dell'espansione edilizia e industriale. Dalle inchieste (di Mario Bellini e Marco Romano) sul linguaggio dell'abitare nel mondo fra popolazioni di antica o recente civilizzazione alle severe inquadrature, montate a guisa di fotogrammi di pellicola in bianco e nero, di un funerale a Orgosolo (sulla scia di un noto film d'autore) fino alla irrinunciabile rubrica d'arte di Guido Ballo. Fondamentale importanza avevano rivestito le prospezioni nel campo storico del design di Vittorio Gregotti e, su di un versante fino ad allora altrettanto poco approfondito, di Daniele Baroni, che passava in rassegna particolari periodi e produzioni. La rivista aveva fin dal primo numero ricercato, con il contributo di personalità di progettisti attivi fin dagli anni trenta e di critici poco noti al pubblico come l'architetto e designer Giulia Veronesi (sorella del pittore astratto Luigi e già autrice di studi monografici di rilievo sulle avanguardie degli anni venti, avendo curato fra l'altro scritti di architettura di Edoardo Persico) – continuità con precedenti iniziative culturali. Ad esempio, con l'ineguagliata collezione di riviste "Stile" e "Domus" fondate e dirette da Gio Ponti, delle quali la stessa Veronesi era stata

leaves of the trees) to searing archive images of the suburbs of Milan before the construction and industry boom. There were Mario Bellini and Marco Romano's investigations into the differences between the ways ancient and recent peoples lived. There were the harsh images, framed as if from a black and white film, of a funeral on Orgosolo, based on a well-known film. And there was the unmissable art column by Guido Ballo. There was vitally important work done by Vittorio Gregotti, in the field of design history, while Daniele Baroni explored little-known periods and products. Ever since its first edition, the magazine had tried – with the contribution of design figures active since the 1930s and critics that were not well known to the public, such as the architect and designer Giulia Veronesi (the sister of the abstract painter Luigi Veronesi and the author of notable monograph studies on new trends in the 1920s, as well as the editor of writing on architecture by Edoardo Persico) – to ensure continuity with previous cultural initiatives, such as the "Stile" and "Domus" magazines founded and

run by Gio Ponti, a magazine to which Veronesi herself had been a contributor. According to one leading authority in the world of academia and design, "Ottagono" was – by the late 1970s – following "the selective, rigorous direction of Stile and Industria [a well-known industry publication from the post-war period]"[67]. An important exhibition entitled "Il Design italiano degli anni cinquanta" [Italian Design in the 1950s], curated by Andrea Branzi, Valerio Castelli, Manuela Cifarelli and Paola Navone and organised by the Centro Kappa in Binasco in 1977, had a notable influence over the creative direction of many designers. The exhibition had been organised in order to "explore the historical context within with the current Italian operational system began to take shape"[68] and "revisit the origins of Italian cultural life and that wealth of ideas and stimuli that has largely been lost"[69]. Designers had become interested in forms and objects that, unlike their 1930s counterparts, "never came into fashion"[70] due to their linearity, a reflection of contemporary tastes. Many of

collaboratrice. Secondo un autorevole esponente del mondo accademico e del design, "Ottagono" verso fine anni settanta portava, altresì, avanti "la linea selettiva e rigorosa di Stile e Industria"[67], noto periodico di settore del secondo dopoguerra).

Un'influenza non secondaria sulla creatività di molti designer ebbe nel periodo un'importante mostra, *Il Design italiano degli anni cinquanta*, promossa dal "Centro Kappa" di Binasco (1977, ordinatori Andrea Branzi, Valerio Castelli, Manuela Cifarelli, Paola Navone). L'esposizione era nata allo scopo di "indagare il contesto storico in cui l'attuale sistema operativo del Design italiano ha cominciato a configurarsi"[68] e di "rivisitare un momento originale della vita culturale italiana, come patrimonio di idee e stimoli in gran parte perduti"[69]. L'interesse dei progettisti si estese a forme e oggetti che, a differenza degli artefatti anni trenta, "mai passati di moda"[70] per la loro linearità vicina al gusto contemporaneo, erano stati in gran parte rimossi, quasi fossero espressione di un gusto datato e inattuale. Anni, invece, i cinquanta, "favolosi e mitici"[71], che avevano dato impulso alla crescita e allo sviluppo economico del paese, esprimendo fermenti e personalità artistiche che avrebbero permeato di sé i successivi decenni. Quella riscoperta mostrò, fra l'altro, quanto fossero stati decisivi (all'interno delle aziende e fuori di esse) il lavoro e la perizia artigianale per l'affermazione del Design italiano del secondo dopoguerra; le visioni ambiziose e salvifiche di "rivoluzione attraverso il design" denotavano ancor più tutta la loro sprovveduta inadeguatezza. Diverso era incidere sul modo di vivere, influenzarlo anche, in senso civile, attraverso gli oggetti, ma questo era stato fin dagli inizi l'obiettivo del Movimento Moderno, mai venuto meno o messo in discussione fino alle più radicali confutazioni degli anni sessanta. La stessa mostra itinerante *Design&Design* (1979, giunta fin nella capitale

them were withdrawn from the market, as if they represented a dated, antiquated style. The 1950s were, however, "fabulous, legendary"[71] years that had sparked the growth and development of the country, leading to artistic trends and artists who would go on to establish themselves in the decades that followed. The exhibition illustrated just how vital artisanal expertise were, both within companies and external to them, in the success of Italian design after the Second World War. Ambitious visions of "revolution through design" were again shown to be naively inadequate. It was something entirely different to have a bearing on our way of life, to influence it even, in the civil sense, through objects – but this had always been the objective of the Modern movement. It was one that had never come up short or been called into question, until the radical rejection that occurred in the 1960s. The travelling *Design&Design* exhibition (1979), which even made it to the capital of the USSR, brought together ten or so objects that had been awarded the Compasso d'Oro by the Association of Industrial Design (ADI). It was a chance to look back – without prejudice – on the contribution of the "historic" masters, all of whom still had a lot to say to the modern generation. The cycle was provisionally brought to an end in 1980, when the Paris exhibition entitled *Domus, 45 anni di architettura, design, arte* [Domus, 45 years of architecture design and art] paid tribute to the founder and director of the magazine, who had died the previous year. At that point (and for some time to come), he had not yet been recognised as the main protagonist, creator and promotor of Italian design since the 1920s. It was he who made the sector the international benchmark. The respect that the sector continued to command around the world was directly proportional to its tireless vitality. The 1980 *Italia immagine* event, an exhibition organised in Helsinki by Cesare Casati and Emanuele Ponzio, featured series of domestic objects produced by companies such as Anonima Castelli, Arflex, Boffi, Cassina, Driade, Flos and Kartell. Also included in the exhibition

sovietica), rassegna di un decennio di oggetti premiati con il Compasso d'Oro dell'ADI (Associazione per il Disegno Industriale) aveva rappresentato un'occasione per rivisitare senza pregiudizi il contributo di maestri più e meno 'storici', accomunati dalla prerogativa di avere ancora molto da dire ai contemporanei. Chiuse provvisoriamente il ciclo, nel 1980, la rassegna di Parigi dedicata a *Domus, 45 anni di architettura, design, arte*, omaggio al fondatore e direttore della rivista scomparso l'anno precedente, non ancora riconosciuto, all'epoca, e ancora per diverso tempo come principale protagonista, ideatore e promotore fin dagli anni Venti del Novecento di un Design italiano divenuto in seguito modello internazionale.

L'impressione che il settore continuava a destare nel mondo era proporzionale alla sua inesausta vitalità. Nello stesso 1980 a Helsinki "Italia immagine", rassegna coordinata da Cesare Casati e Emanuele Ponzio espose oggetti per l'ambiente domestico fabbricati in serie da aziende come Anonima Castelli, Arflex, Boffi, Cassina, Driade, Flos, Kartell; accanto, in mostra, organi di stampa specializzata nel Design, da "Abitare" a "Casa Vogue", da "Interni" a "Ottagono". Il trionfo del "Made in Italy" non aveva più confini[72].

were specialist design publications, such as "Abitare", "Casa Vogue", "Interni" and "Ottagono". There were no limits to the success of Italian manufacturing [72].

Revisiting models from the recent and not so recent past

"Naviglio" (1980) (fig. 79), with its "classic" form and size, represented a deliberate return to traditional sofas for De Martini. Like "Violoncello" and the "Viola d'Amore" armchair, it belonged to a class of objects that had seemingly disappeared. De Martini's idea was to look back on those who once inhabited the villas and parks around the old Milan canal, people who used to engage in the traditional practice of hunting. He wanted a comfortable chair for casual use that didn't exclude the family dog (Cassina advertising at the time showed the model image of a setter resting on the sofa) (fig. 80). In Milan, the capital of fashion and design, one of the common trends among the new bourgeoisie was to fill their living rooms with the latest hi-tech product, showing it off as an almost unapproachable object, immune from everyday usage. "Naviglio", however, as De Martini had predicted, was bought by the traditional Milanese bourgeoisie, people with a relaxed approach to life who had no problem in combining its linear simplicity with the family furniture and who did not make it into some sort of shrine or seat only to be used for the greatest occasions. Countless imitations of "Naviglio" emerged in the 1990s – and still emerge today.

The exquisite iron structure allowed for the inner fabric supports to be stretched around them (figs. 82, 83), providing a base for the padding and then the upholstery, which was itself stretched tight. As per the description in the catalogue, the structure was made up of a base frame and several flexible elements for the backrest and armrests. The padding, which rested on supports made from glass fibre and PVC, was initially polyurethane foam (figs.

Rivisitando modelli di un passato più e meno recente

"Naviglio" (1980), (fig. 79) di "classica" forma e misura rappresentò per De Martini un deliberato ritorno alla tradizione del divano; come già prima l'omologo "Violoncello" e la poltrona "Viola d'Amore", faceva parte di un panorama ormai scomparso di oggetti. Era stato immaginato dall'autore come se dovesse riguardare coloro che abitavano un tempo le ville e i parchi sull'antico canale milanese e praticavano la caccia: una seduta confortevole e comoda per un'utilizzazione disinvolta, che non escludesse il cane di casa (la pubblicità Cassina illustrò con sollecitudine il caso esemplare di un setter adagiato sul divano) (fig. 80). Nella Milano capitale della moda e del design sembrava prevalere l'abitudine, comune a molta nuova borghesia, di esibire negli spazi di soggiorno l'ultima produzione d'avanguardia, trattata come oggetto quasi inavvicinabile, interdetto al consueto, intenso uso quotidiano. "Naviglio" invece, come De Martini aveva previsto, fu acquistato da una borghesia milanese di antico stampo e abitudini disinvolte, che non aveva problemi di rappresentanza e trovò naturale inserirlo per la sua lineare semplicità fra i mobili di famiglia, senza farne un feticcio o una seduta da grandi occasioni. Da quel modello provenne in commercio negli anni novanta – e tutt'oggi – una miriade d'imitazioni.

La pregevole struttura in ferro per tendere i teli di supporto interno su cui, inizialmente, veniva posta l'imbottitura e quindi il rivestimento, a sua volta teso, era composta, nella descrizione di catalogo, da un telaio di base e da elementi flessibili in corrispondenza dello schienale e dei braccioli (figg. 82, 83). L'imbottitura disposta sulle superfici portanti (realizzate in fibra di vetro e pvc) era inizialmente in poliuretano espanso. L'azienda scelse in seguito di sostituire il tutto con un più pratico e meno costoso procedimento di "schiumatura"

84-86), but the company later decided to replace this with the more practical and less costly process of "foaming" (in 1973, Arflex had used a special procedure to produce Cini Boeri's successful "Bobo" sofa from blocks of foam). Each (perfectly flat) section of the covering was joined together using zips, so that they could be removed and ironed. The traditional style of the piece attracted much criticism, some from Cassina's own representatives. De Martini's inspiration for the "hidden" structure came from the "Modo" magazine (directed by Alessandro Mendini), which featured armchairs that were modern only in their outer covering and had been made using traditional technology, deploring their popularity. For both "Modo" and De Martini, it was vital that the "construction expertise" of each part – even if invisible – was assured. This was proof of the skill that made recent – and not so recent – products created by Italy's master furniture craftspeople so unique and imitable.

As Mario Bellini once recalled, the first modern padded sofas were seen in a Richard Neutra interior from 1943 (fig. 89). From 1960 onwards, "Domus" – alongside Arflex – could take a great deal of credit for having supported several competitions to design similar chairs. The "Naviglio" sofa was followed, in 1981, by a collection of side tables of various sizes and heights (fig. 90) which took the same name ("Nine side tables for Naviglio" was the Ottagono headline[73]). De Martini, unsure of how to make them, visited Chiavari, Liguria with his colleagues to choose a surface for a pool table that a client of his studio wanted in his villa. The slate was cut in the workshop in Arata, one of the artisans hammering a cube of the material in a corner. The initial dimensions were 60 x 60 x 60 cm, but having cut it into two once he kept halving it until the block had been reduced to slabs measuring 57 x 57 cm, with 5 thickness. The split surface was very attractive, ridged just enough to create a subtle bas relief of grooves and veining, with linseed oil creating a final glaze. When he saw it, the designer knew he had his table top. The cost was very low at

(con un procedimento opposto, nel 1973, Arflex aveva realizzato un modello di successo, il divano di Cini Boeri, "Bobo", in blocco di schiuma). Le parti, perfettamente piane, del rivestimento si univano con cerniere per essere "svestite" e sottoporre la fodera a stiratura (figg. 84-86). Il prodotto suscitò per la sua impronta tradizionale molte critiche, anche da parte di agenti Cassina. Lo spunto per la struttura "nascosta" era venuto a De Martini dalla rivista "Modo" (diretta da Alessandro Mendini) che pubblicava, deprecandone la diffusione, modelli di poltrone moderne solo nell'involucro ma realizzati con tecnologie anacronistiche. Fondamentale, per la rivista ma anche per l'autore di "Naviglio" era invece garantire la "sapienza costruttiva" di ogni parte, anche invisibile, del modello, prova di quella capacità che rendeva uniche e inimitabili creazioni del passato più e meno recente uscite, nel Paese, dalle mani di provetti artigiani del mobile.

Come aveva ricordato Mario Bellini, i primi divani imbottiti contemporanei risalivano a un interno di Richard Neutra e all'anno 1943 (fig. 89). Dal 1960 in poi era non scarso merito della rivista "Domus" avere promosso, insieme con Arflex, specifici concorsi per la progettazione di analoghe sedute.

Al divano "Naviglio" seguì (1981) un insieme di tavolini di varie misure e altezze (fig. 90), con lo stesso nome ("Nove tavolini per il Naviglio", titolò "Ottagono"[73]. De Martini non aveva ancora idea di come realizzarli, poi dovette recarsi con i colleghi a Chiavari, in Liguria, per scegliere un piano destinato a un biliardo che un cliente dello studio professionale voleva nella sua villa. Nel laboratorio di Arata tagliavano l'ardesia, in un angolo un artiere assestava colpi a un cubo di quel materiale; le dimensioni iniziali erano 60 x 60 x 60, spaccandolo in due parti procedeva nella suddivisione finché il blocco non era ridotto in tavolette (57 x 57, 5 cm di spessore), ottenendo tegole. L'aspetto della superficie di

79. Piero De Martini, divano "Naviglio" a due posti, Cassina, 1980, dal catalogo coevo dell'azienda (foto Aldo Ballo)
Piero De Martini, two-seater "Naviglio" sofa, Cassina, 1980, from the company catalogue (photo Aldo Ballo).

80. Piero De Martini, divano "Naviglio", da un manifesto pubblicitario dell'azienda Cassina, 1980 (foto Mario Carrieri).
Piero De Martini, "Naviglio" sofa from a Cassina advertisement, 1980 (photo Mario Carrieri).

Naviglio, 1980, Piero De Martini. CENTRO DESIGN E COMUNICAZIONE

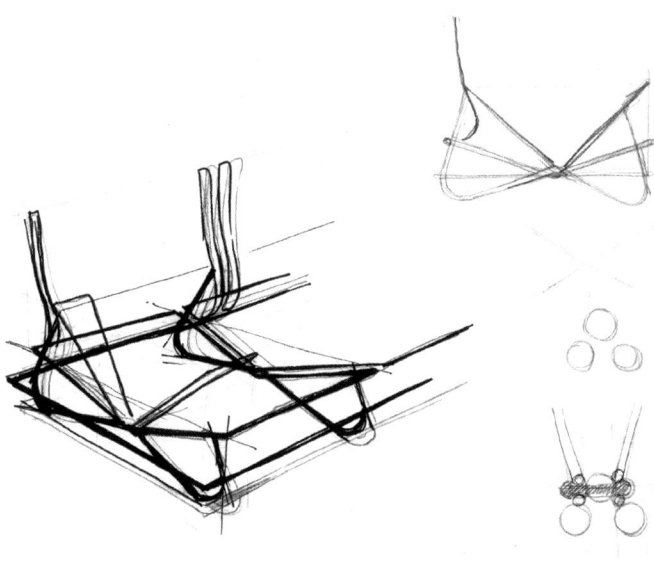

81. Piero De Martini, studio grafico a penna di struttura interna del divano "Naviglio", 1980.
Piero De Martini, graphic design of the internal structure of the "Naviglio" sofa in pen, 1980.

82. Piero De Martini, divano "Naviglio", dettaglio di struttura interna nascosta, Cassina, Meda, 1980, dal catalogo coevo dell'azienda (foto Mario Carrieri).
Piero De Martini's "Naviglio" sofa, detailed view of hidden internal structure, Cassina, 1980, from the company catalogue (photo Mario Carrieri).

83. Piero De Martini, divano "Naviglio", struttura interna, (foto Mario Carrieri).
De Martini's "Naviglio" sofa, internal structure, (photo Mario Carrieri).

84. Piero De Martini, divano "Naviglio", cuscino di seduta e rivestimento disposti a terra, 1980, dal catalogo dell'azienda (foto Aldo Ballo).
Piero De Martini's "Naviglio" armchair with chair cushion and covering on the floor, 1980, from the company catalogue (photo Aldo Ballo).

85. Piero De Martini, divano "Naviglio", dettaglio del rivestimento di un bracciolo, 1980.

Piero De Martini's "Naviglio" sofa, detailed view of the armrest upholstery, 1980.

86. Piero De Martini, divano "Naviglio", 1980, Cassina, rivestito in tessuto chiaro (foto Aldo Ballo).

Piero De Martini's "Naviglio" sofa, 1980, Cassina, upholstered in light fabric (photo Aldo Ballo).

spacco era suggestivo, rigata appena a formare un leggero bassorilievo di solchi e venature, l'olio di lino a conferire la patina finale. Ecco, pensò il designer, il piano del mio tavolo. Il costo era molto basso, 1800 lire a tegola, quando per un piano di laminato 60 x 60 alto 1 cm occorrevano, all'epoca, 20mila lire. L'autore si limitò a disegnare un telaio in noce (4 x 4) su cui appoggiare il piano in leggero ribasso, con supporti in trafilato di ferro di normale produzione, due per ogni angolo, e quattro "spine". Poi previde un esemplare di maggiore grandezza e i tavolini "multipli", per vari usi e composizioni. Ancora una volta – e come sempre nel mestiere di designer – era stata la curiosità a suggerire le soluzioni più appropriate.

Quell'anno l'azienda perdeva con la scomparsa del contitolare Cesare la sua più illuminata e ardimentosa guida, la pietra d'angolo dell'intero sistema produttivo. Pier Carlo Santini dedicò alla sua figura e alla storia della ditta una monografia dove il regesto degli oggetti Cassina in catalogo iniziava dagli anni trenta per includere nel secondo dopoguerra modelli di rilievo storico di Albini, Ponti, Pulitzer, Bega, seguiti da altri di Frattini, Magistretti, Scarpa, Bellini, Pesce, De Martini, terminando con i tavolini "Naviglio"[74] di quest'ultimo. La scelta di un imprenditore come Cesare Cassina di dare corso e spazio alle proposte un po' bizzarre e grottesche di Gaetano Pesce o alle intelligenti provocazioni di Mario Bellini, senza preoccuparsi di trarne prodotti di serie di lunga durata e utile immediato, aveva fornito, in occasione della mostra di New York del 1972 sul Design italiano prova di quanto il contributo creativo di artisti, tradotto nel caso specifico in proposte 'fuori catalogo' (o più presto di altre destinate a uscirne) avesse la capacità d'impressionare il pubblico e captare l'attenzione della critica sul piano internazionale. Traguardi che la sola produzione di serie "classica", per quanto di altissimo livello e perfino identificativa, non avrebbe ottenuto.

89. Richard Neutra, interno di abitazione negli Stati Uniti con le prime sedute imbottite formanti un divano, 1944. Richard Neutra, home interior in the USA with the first padded chairs arranged to form a sofa, 1944.

All'anno 1980 di "Naviglio" risaliva anche una serie di lampade disegnate da De Martini e prodotte da Arteluce (e poi acquistate da Casakit), "Le Falene" (figg. 93-98), il cui esemplare da terra sembrava reggere con fiera sollecitudine uno spartito musicale. L'assoluta leggerezza le rendeva compatibili con qualsiasi mobile, contemporaneo o d'epoca. Si avvertivano nel fusto metallico di sostegno voluti richiami all'esemplare a piantana "Toyo" (Flos, 1962) dei Castiglioni. L'idea era nata nell'autore dal desiderio di utilizzare telai in tensione in poliestere, per diffondere la luce. L'immagine aerea di farfalle notturne in volo aveva completato l'effetto.

91. Piero De Martini, tavolini "Naviglio", composizioni diverse, dal catalogo dell'azienda Cassina, 1981.

Piero De Martini's "Naviglio" side table, various compositions, from the Cassina catalogue, 1981.

93. Piero De
Martini, lampade
da tavolo serie
"Le Falene",
produzione
Arteluce,
poi Casakit,
1980 (foto
Centrokappa).

Piero De Martini,
"La Falene" series
table lamp, produced
by Arteluce later
Casakit, 1980 (photo
Centrokappa).

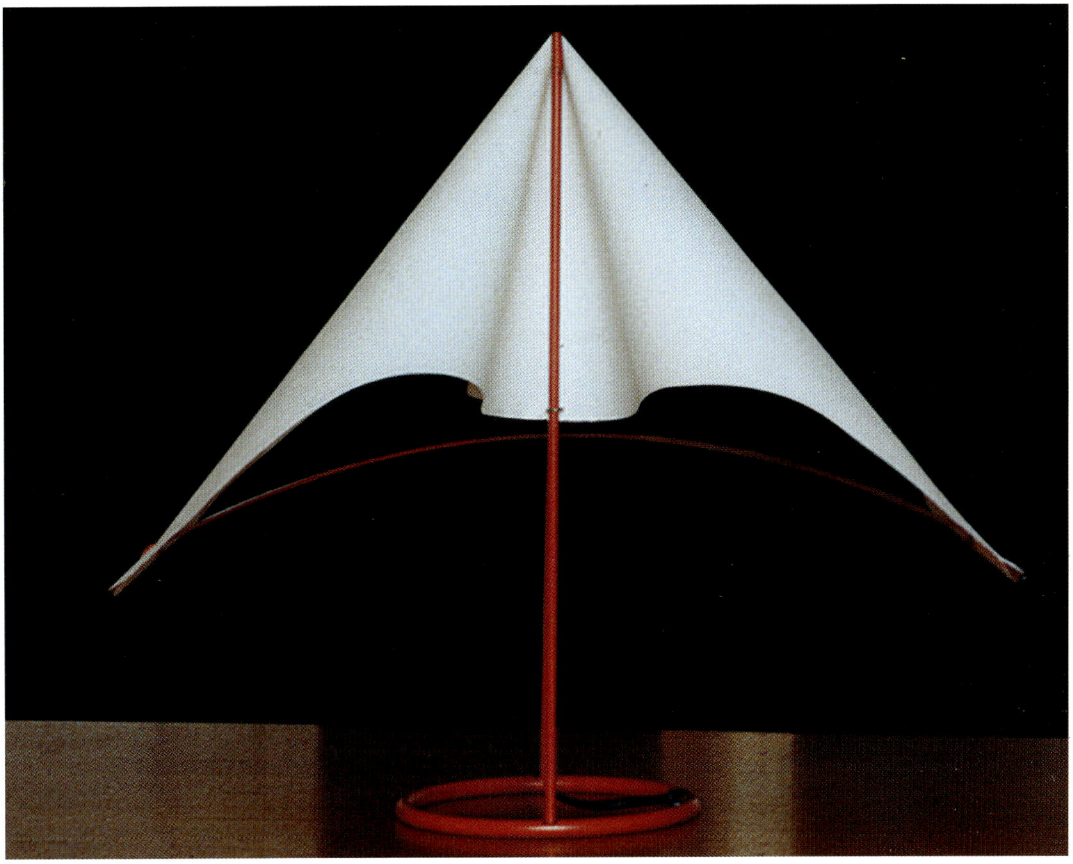

94-95. Piero
De Martini, serie
di lampade "Le
Falene", esemplare
da tavolo, 1980,
(foto Piero De
Martini).
Piero De Martini's
"Le Falene" series, table
lamp, 1980, (photo by
De Martini).

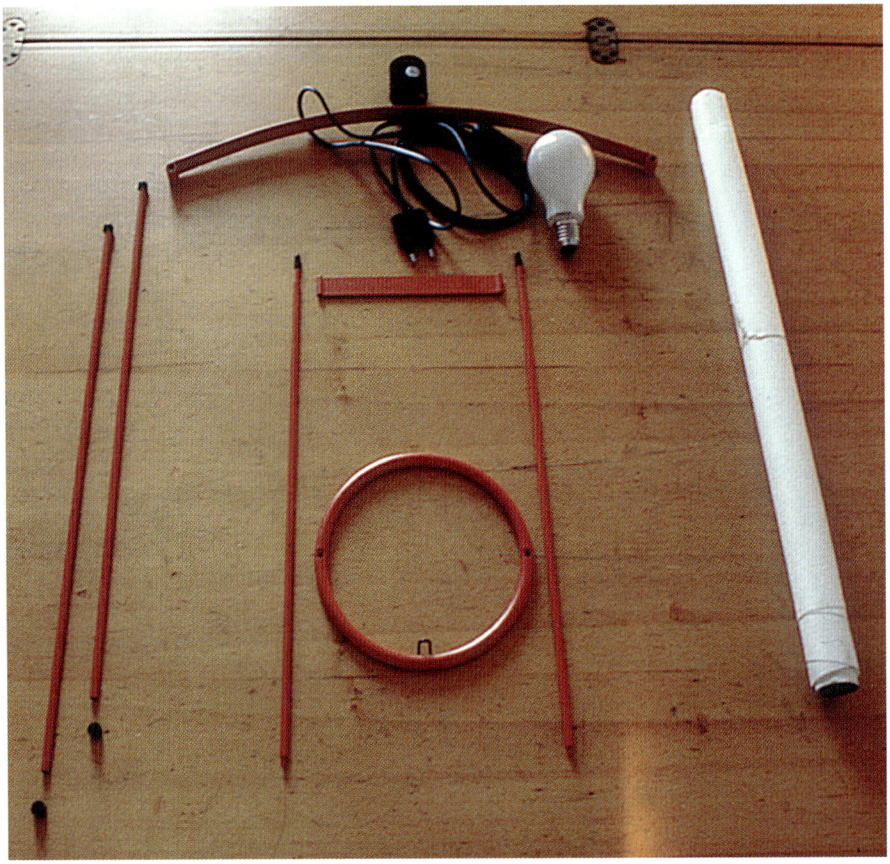

96. Piero De Martini, lampade da tavolo serie "Le Falene", parti componenti smontate.
Piero De Martini, "La Falene" series table lamp, the disassembled component parts.

97. Piero De Martini, esemplari da soffitto, 1980, (foto Centrokappa).
Piero De Martini, ceiling versions, 1980 (photo Centrokappa).

98. Piero De Martini, esemplari da terra, serie "Le Falene", 1980 (foto Centrokappa).
Piero De Martini, floor versions, "Le Falene" series, 1980 (photo Centrokappa).

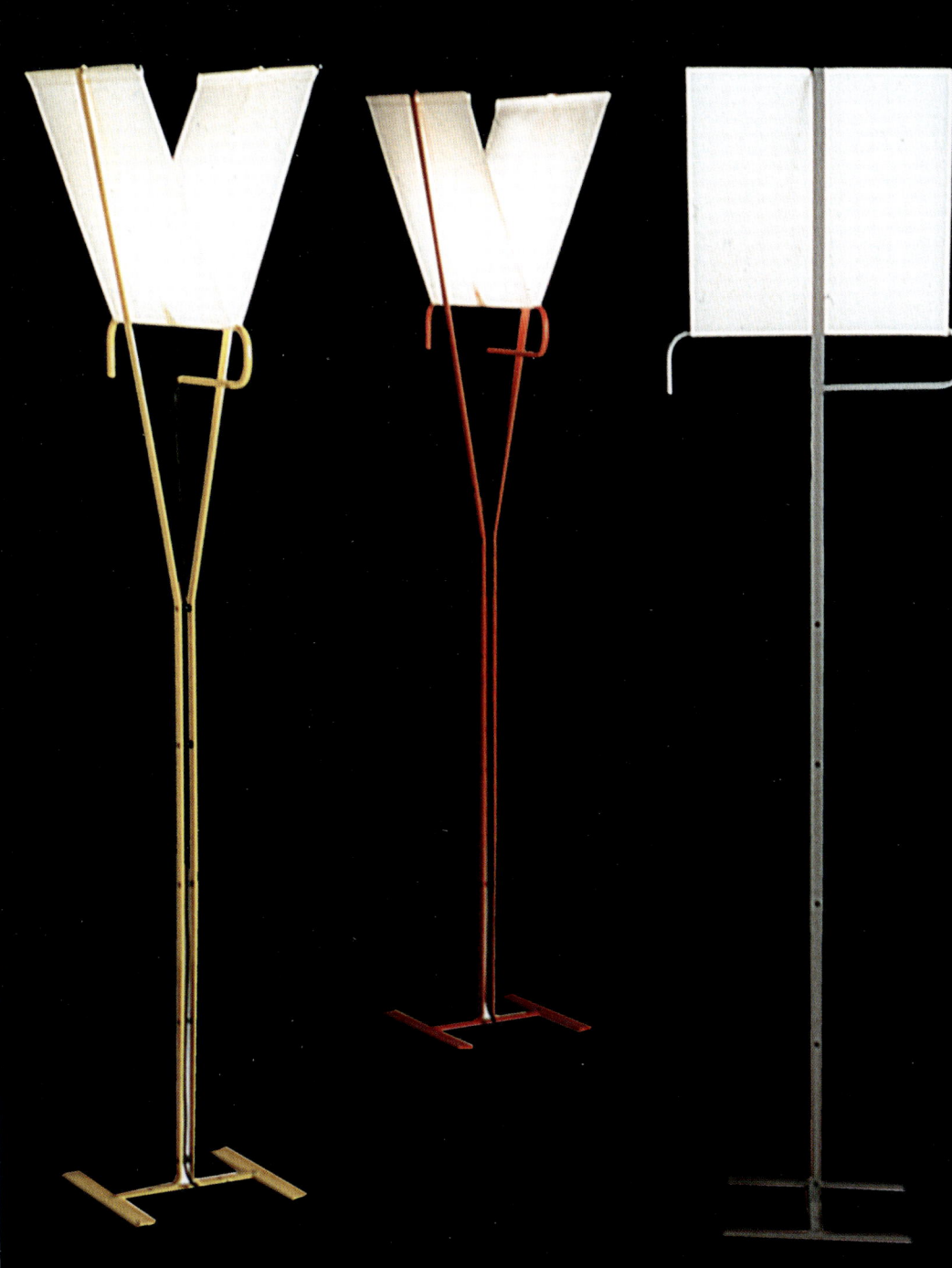

Indirizzi non univoci di Cassina

Che Cassina, più nota all'epoca per la sua produzione, appunto, "classica", non seguisse in ogni caso indirizzi univoci ma piuttosto eterogenei è palese anche da alcuni esempi di oggetti come la festosa libreria, già a vivaci colori, "Nuvola Rossa" di Magistretti (1977) (ispirata a un "tepee", tenda degli indiani d'America), o la non meno giocosa poltrona "Wink" (una sorta di animale dotato come il Topolino disneyano di grandi orecchie) (fig. 99) di Toshiyuki Kita, il cui modello fu messo in catalogo nello stesso periodo di "Naviglio" (1980). Del designer danese l'azienda promosse anche, nell'anno, una mostra di "personaggi", divani e poltrone provvisti di organi sensoriali, bocca, occhi, testa e arti inferiori distesi nella posizione "sdraiata". Ma non era tutto. "Forme in libertà"[75], le sedie "Dalila 1" e "Dalila 2" di Gaetano Pesce per Cassina, serie stampata in resina epossidica nei colori nero, grigio e rosso e il tavolo policromo "Sansone" in tre versioni, "quasi rettangolare", "quasi rotondo" e "quasi quadrato" e in una combinazione di tonalità bianco-rosso-verdi come il vessillo nazionale, affermavano "il valore formale dell'incertezza"[76] (e dell'irriverenza). Il tavolo, esibendo un piano che sembrava sopravvissuto all'assalto di un'orda di ratti famelici, roso sui bordi e posto su piedritti cilindrici di sezioni fra loro molto diverse, quasi mostruosi per sottolineata imperfezione. Già l'anno precedente Cassina aveva prodotto in piccola serie una provocatoria scultura di Pesce, "Fiori in bocca", in omaggio all'estro di un autore (figg. 100-101) che, pur non essendo particolarmente interessato alla duratura permanenza in catalogo delle proprie creazioni, portava un contributo di originalità e d'inventività peculiari; come i fuoriclasse cui tutto viene perdonato in cambio di un guizzo personale, di una folata di estro in una partita sportiva dai risultati già acquisiti.

just 1800 lire per slab, when a laminated panel measuring 60 x 60 x 1 cm in height would put you back 20,000 lire at the time. The designer created a walnut frame (4 x 4) for the table top to rest on, with supports made from standard drawn iron, two for each corner, as well as four "spines". He then designed a larger version and a series of "multiple" side tables, for various uses and arrangements. Once again, as was always the case during his career as a designer, De Martini's curiosity had let him to the optimum solution. During that year, the death of co-owner Cesare Cassina robbed the company of its most daring and illuminated leader and the cornerstone of its entire production system. Pier Carlo Santini dedicated a monograph to Cesare and the history of the company, summarising Cassina's output from the 1930s through to post-war period, including historically significant objects by Albini, Ponti, Pulitzer, Bega, Frattini, Magistretti, Scarpa, Bellini, Pesce and De Martini, whose "Naviglio" side tables were mentioned[74]. The New York exhibition of Italian design in 1972 was proof that Cesare Cassina's decision to give

space to the slightly bizarre designs of Gaetano Pesce and the intelligent provocation of Mario Bellini, without worrying about getting any series of long-lasting, ready-to-use products out of it, had shown how the creative contribution of artists – when channelled into "off-catalogue" products (or products destined to be removed from the catalogue quicker than others) – was capable of impressing the public and capturing the imagination of international critics. These were heights that "classic" series-based production would never have scaled, regardless of its quality and distinctiveness.

In 1980, the "Naviglio" range was bolstered by the "Le Falene" line of lamps (figs. 93-98) designed by De Martini and produced by Arteluce (though they were later acquired by Casakit). The floor lamp in the collection seemed to be proudly holding a musical score. The extreme lightness of the lamps made them compatible with almost any piece of furniture, whether modern or old. The metal support shaft had clear nods to the Castiglionis'"Toyo" lamp (Flos, 1962). De Martini's idea stemmed from a desire to

99. Toshyuki Kita,
poltrona "Wink",
Cassina, 1980.
Toshyuki Kita,
"Wink" armchair,
Cassina, 1980.

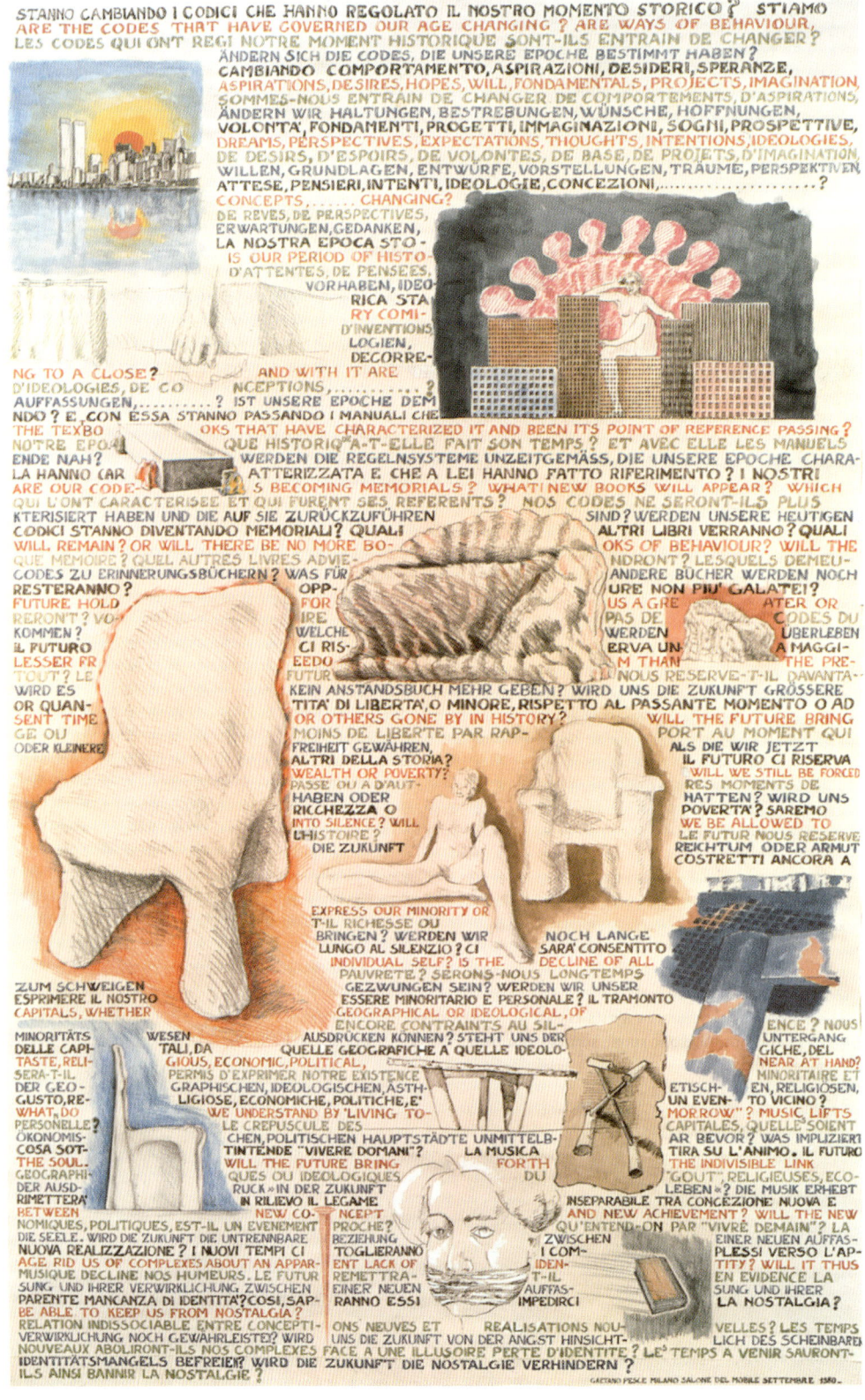

100. Poster di
Cassina per il
Salone del Mobile,
Milano, 1980, con
studi grafici di
Gaetano Pesce.
Cassina poster for
the Milan Furniture
Fair, 1980, with
graphic designs by
Gaetano Pesce.

use panels of taut polyester to spread the light. The shape of the lamp, that of a moth in flight, completed the effect.

Mixed signals from Cassina

The fact that Cassina, which was more well known at the time for its "classic" production, did not have one single strategy but rather followed a range of directions is clear to see when looking at objects such as Magistretti's brightly coloured, playful "Nuvola Rossa" (1977) bookcase (inspired by a Native American tepee), or Toshiyuki Kita's equally fun "Wink" armchair (fig. 99), which resembled Disney's Mickey Mouse with its large ears and which entered into the Cassina catalogue at around the same time as the "Naviglio" (1980). In the same year, the company organised an exhibition of "characters" by the Danish designer, with sofas and armchairs complete with sensory organs, mouths, eyes, heads and lower limbs arranged so that they were laying down. But

that wasn't all. "Forme in libertà"[75], the "Dalila I" and "Dalila 2" chairs by Gaetano Pesce for Cassina (a series made from epoxy resin in black, grey and red) and the multicoloured Sansone in three versions ("almost rectangular", "almost round" and "almost square"), available in a combination of white, red and green tones, like the Italian flag, illustrated "the design value of uncertainty"[76] (and irreverence). The table, whose top looked like it had recently survived an assault by a horde of ravenous rats, with signs of gnawing at the edges, was held up by cylindrical feet of which no two were the same, their obvious imperfection almost ugly. In the previous year, Cassina had produced a small series of Pesce's "Fiori in bocca" sculpture (figs. 100, 101), tribute to the genius of a designer who – not being particularly interested in how long his creations remained in the catalogue – contributed originality and inventiveness in rare degree. He was like the star player of whom everything is forgiven in return for a little piece of personal magic, even if the result is already done and dusted.

Anni ottanta, tenuta delle piccole e medie imprese e nuove creazioni di De Martini per Cassina

1980s, the endurance of small to medium-sized companies and De Martini's new creations for Cassina

"Brera" (1982), un sistema modulare di scaffali e cassettiere

Con il 1980 si verificò l'"inizio di una nuova recessione nelle economie occidentali"[77]. L'anno seguente prese avvio un triennio con indici della produzione industriale "stagnante"[78] o in "lieve arretramento"[79], la crisi dell'occupazione fu per la prima volta di tale rilievo da rendere necessaria una consistente spesa in cassa integrazione. Nonostante ciò, gli indicatori "confermavano il peso crescente assunto dalle medie e soprattutto dalle piccole imprese, le sole ad aumentare l'occupazione…"[80].

Per il momento dunque il design dell'azienda Cassina, come dimostrava la fluente produzione di sedute fra loro complementari (*Il libro dell'Arredamento secondo Mario Bellini*), inaugurata quattro anni prima, non risentiva flessione o crisi alcuna.

De Martini poteva procedere lungo la direttrice prescelta, facendo seguire, due anni dopo, (con una genesi inconsueta da parte dell'autore) "Brera" (1982) (figg. 102-103), un sistema di mobili o scaffali in frassino verniciato nero, rosso o verde scuro con profili metallici, chiusi da ante opache o trasparenti, comprensivo anche di elementi a cassetti plurimi. Il progettista aveva realizzato in precedenza, in occasione di una mostra archeologica nella Pinacoteca di Brera a Milano (fig. 104) dal budget molto ristretto (cinque milioni di lire), dieci o quindici teche espositive provviste di pareti in cristallo. Gli scaffali erano costituiti da quattro montanti che formavano le estremità di una struttura a doppio incastro. Su di essi erano inserite base e copertura ottenendo la forma conclusiva e collocando all'interno ripiani a varie altezze, sul lato esterno i cristalli verticali delle vetrine. Risaltava la compatta solidità del sistema costruttivo, ideato per essere facilmente smontabile e rimontabile con la massima sicurezza e per

"Brera" (1982), a modular system of shelves and drawers

While 1980 heralded "the start of a new recession for Western economies"[77], the following year saw the beginning of three years where industrial production rates were either "stagnant"[78] or in "slight downturn"[79]. For the first time, the employment crisis reached such an intensity that substantial spending on unemployment benefits were required. Nevertheless, indicators "confirmed the growing importance of medium-sized and in particular small businesses, which are the only kind of have increased employment…"[80].

For the time being, Cassina was untouched by downturn or crisis of any kind, as shown by the ongoing production of a range of complementing seating systems (*Il libro dell'arredamento secondo Mario Bellini* [The book of interiors according to Mario Bellini]), which had been launched four years previously.

De Martini was able to continue along his chosen path, producing "Brera" two years later in 1982 (figs. 102, 103). "Brera", which was an unusual creation for the designer, was a system of furniture and shelving in ash painted black, red or dark green, with metal detailing and either opaque or transparent doors. It also featured several drawers. De Martini had already produced ten or 15 glass-walled display cases for an archaeology exhibition with a very limited budget (five million lire) at Milan's Pinacoteca di Brera (fig. 104). The shelves were composed of four supports, which formed the extremities of a structure with a double-interlocking system. The base and top were added to this structure, giving the piece its finished form, while internal shelves were added at varying heights and vertical pieces of glasses formed the outside windows. The piece emphasised the compact solidity of the construction method, which had been devised so that the model could be easily de- and reconstructed in total safety, keeping finished product costs down. Cassina didn't produce furniture at

102. Piero De Martini, doppio scaffale-vetrina "Brera", Cassina, 1982, da una pagina di catalogo coevo dell'azienda. *Piero De Martini, double "Brera" shelf/ display case, Cassina, 1982, from a page in the company catalogue (photo Aldo Ballo).*

103. Piero De Martini, parete di scaffali-vetrina "Brera" semichiusi e interamente vetrati. *Piero De Martini, wall of the "Brera" shelf/display case, semi-closed and in full glass (photo Aldo Ballo).*

the time, but decided to take on the piece as part of a more wide-ranging system by the same designer. "The unusual style of the base,"[81] began an "Ottagono" article on the model, was "the consequence of the structural design. It is a double 'foundation' beam[82], which serves as a brace, and not just a rather eccentric strip of cladding"[83] (figs. 107, 102) . The piece's flexibility was not just thanks to the three heights available, but also because it was possible to arrange the model in a variety of different ways: you could use one alone or two placed together, have the body and profiling in different colours, position it up against the wall or place it in the centre of a room to create a soft divide, given that the piece was either transparent or partly so. The elegance of the proportions accentuated the feeling that this was a piece of furniture that had already been worn in, emanating as it did an aura of being modern in a "classic" way (a characteristic found in Robert Mallet Stevens' interiors and Josef Hoffmann's display cabinets at the start of the century). This

made the pieces suitable for any environment, regardless of whether it was surrounded by old or contemporary furniture. The Milan exhibition in 1982 gave rise to unforeseen consequences. After the event, De Martini was contacted by a zealous official from the Milan Archaeology Office (Poggiani Keller), who wished to move the exhibition to the Palazzo della Ragione in Bergamo, but he heard nothing further and assumed the idea had fizzled out. Yet a few months later, De Martini found out that the exhibition was indeed going on, his display included, but credited to other architects. When the "L'Eco di Bergamo" newspaper reported the wilful appropriation, the professional body took disciplinary action.

"Brera" had an influence on mass production too, with the furniture company Bernini producing Franco De Poli's "Castelvecchio" bookcase (1985), which had clearly been inspired by De Martini's creation.

"Brera" enjoyed good commercial success for a few years, up until the point that Cassina

un costo contenuto degli esemplari finiti. Cassina non produceva mobili, ma decise di assumere l'esempio come parte di un sistema più articolato concepito dallo stesso progettista. "L'andamento insolito dello zoccolo"[81], sottolineava nel presentare il modello la rivista "Ottagono", era "conseguenza dell'impianto strutturale; si tratta infatti di una doppia trave di "fondazione"[82] con funzione di controventatura, e non di una fascia di tamponamento un po' eccentrica"[83] (figg. 107, 102). L'adattabilità del mobile alle varie esigenze non risiedeva solo nelle tre diverse altezze previste, ma nella possibilità di configurare varie soluzioni, dal sussistere in versione singola o abbinata all'assumere tonalità di colore differenti fra corpo e profili; dal poter essere addossato a parete al costituire, se collocato in posizione centrale in uno spazio interno, setto divisorio in tutto o in parte trasparente, dunque leggero. L'eleganza di proporzioni accentuava la sensazione di mobile già un po' vissuto, emanando un'aura misurata di accento e impronta modernamente "classici" (una caratteristica già propria, a inizio secolo, di interni di Robert Mallet Stevens o di vetrine di Josef Hoffmann) che rendeva gli esemplari adatti a qualsiasi ambiente, fra oggetti d'epoca o contemporanei. La mostra milanese del 1982 aveva dato luogo a conseguenze impreviste. Il progettista, al termine, era stato in un primo tempo contattato da una studiosa, funzionaria della Sovrintendenza archeologica milanese (Poggiani Keller) che desiderava trasferirla al Palazzo della Ragione di Bergamo, poi sembrò che l'idea non avesse seguito. Trascorso qualche mese, De Martini venne a sapere che l'esposizione era, invece, effettivamente in corso con il suo allestimento, a firma però di altri architetti. Il quotidiano "L'Eco di Bergamo" diede risalto alla più che disinvolta appropriazione, l'Ordine professionale intervenne con un richiamo disciplinare.

"Brera" fece scuola anche nella produzione in serie, l'azienda di mobili Bernini

104. Mostra archeologica ordinata dalla Sovrintendenza nella Galleria di Brera, Milano, vetrine eseguite su disegno di Piero De Martini, 1982.
inglese

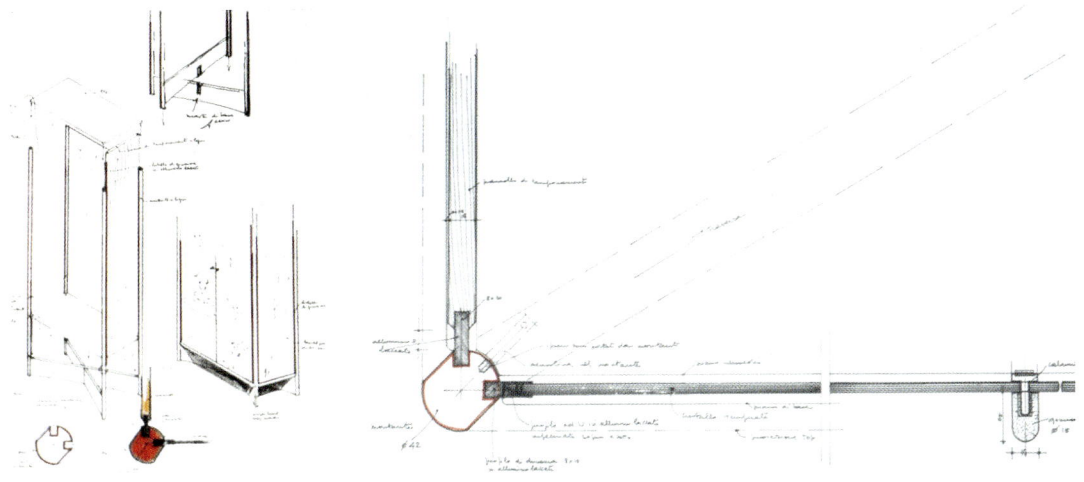

realizzò a sua volta una libreria, "Castelvecchio" (1985), di Franco De Poli, visibilmente ispirata all'esemplare di De Martini.

"Brera" ebbe per qualche anno buoni esiti commerciali, sino a quando Cassina non decise di mantenere la fabbricazione di sedute, ambito nel quale aveva stabilito la propria identità fin dal secondo dopoguerra, tralasciando il resto. Nel 1985 fu poi la volta di una serie di sedie, "Alcina" (figg. 112-115), e di tavoli, "Ariante" (figg. 118-121), disegnati per l'azienda. Le prime erano in frassino laccato nero (un colore che dominava all'epoca nelle sedute di molti interni coevi, da Gianfranco Frattini applicato a grandi divani autografi imbottiti rivestiti in cuoio o in morbida pelle, per Cassina) con cuscino amovibile foderato in varie

105. Piero De Martini, studi grafici per il disegno di vetrine, 1982.
Piero De Martini, graphic designs for the display cases, 1982.

106. Piero De Martini, disegno esecutivo di dettaglio, 1982.
Piero De Martini, detailed final design, 1982.

107. Piero De Martini, sistema di scaffali-vetrina e contenitori "Brera", Cassina, 1982, fase di montaggio di un prototipo, azienda Cassina, 1982.
Piero De Martini, "Brera" system of shelves/display cases and storage units, Cassina, 1982, prototype assembly phase, Cassina, 1982.

108. Piero De Martini, elemento a cassettiera serie "Brera" (foto Aldo Ballo).
Piero De Martini, chest of drawers piece from "Brera" series (photo Aldo Ballo).

109. Piero De Martini, credenza serie "Brera" (foto Aldo Ballo).
Piero De Martini, "Brera" series sideboard (photo Aldo Ballo).

110 a, b. Piero De Martini, credenza serie "Brera", dettaglio del piano in ardesia (foto Aldo Ballo).

Piero De Martini, "Brera" series sideboard, detailed view of slate top (photo Aldo Ballo).

tonalità di colore, inserito nel telaio di supporto. I tavoli, parte in noce naturale e parte in ebano, erano ad ali ripiegabili, con base di sostegno smontabile; come certi oggetti dei Castiglioni (il radiogrammofono su ruote) sembravano dotati di sguardo (attraverso i fori laterali, simili a occhi). Il legno era stato lavorato secondo la volontà del progettista "in sezioni esigue", i prodotti ottenuti esprimevano, notava la rivista "Ottagono"[84] leggerezza e grande solidità. Non mancavano, nelle sedute, cenni (evidenti nelle riproduzioni frontali) all'estetica di Hoffmann, o all'elegante timbro compositivo di Mackintosh, filtrati, come s'è visto, alla luce e alla scuola di autori italiani contemporanei (oltre ai Castiglioni e a Vico Magistretti, nei quali non era possibile ravvisare traccia alcuna di narcisismo nonostante le loro opere fossero dotate di indubbia personalità, Enzo Mari, per la tenacemente perseguita, e ottenuta "eliminazione del superfluo"[85]. Un saggio di maturità espressiva da parte De Martini, che già in "Brera" aveva trasfuso in una pura volumetria De Stijl echi di eleganza propri della Secessione viennese, alla luce dal rigore e dalla cura costruttiva tipici di Breuer.

111. Piero De Martini, elemento componente la serie "Brera", Cassina, 1982.

Piero De Martini, "Brera" series sideboard, Cassina, 1982.

decided to focus on producing seating, the area in which it had forged its identity since the Second World War, letting all else fall by the wayside. In 1984, the company produced the "Alcina" (figs. 112-115) line of chairs and "Ariante" (figs. 118-121) line of tables. The former were made from ash painted black (the dominant colour for indoor seating at the time, with Gianfranco Frattini using it for large padded sofas upholstered in hard or soft leather he designed for Cassina), with a removable cushion lined in a variety of colours inserted into the support structure. The tables, some in natural walnut and some in ebony, had fold-down ends with a support structure that could be dismantled. Like several objects by the Castiglioni brothers (i.e. the radio gramophone on wheels), the tables seemed to be looking out at you, an effect created by the holes on the sides which resembled eyes. On the wishes of the designer, the wood had been processed "in small sections", and the finished products achieved great lightness and solidity, according to "Ottagono"[84].

The front view of the chairs clearly showed the influence of Hoffmann's aesthetics and the elegant compositional style of Mackintosh, albeit combined with contemporary Italian designers (in addition to the Castiglioni brothers and Vico Magistretti, in whose work it was impossible to find any trace of narcissism, despite the fact that their work was undoubtedly endowed with great personality, one could detect the influence of Enzo Mari on account of the "elimination of the superfluous"[85], a goal pursued and achieved with tenacity. It was an exercise in expressive maturity from De Martini, who in "Brera" had combined in pure De Stijl volumes the elegance of Vienna Secession, mixed with the rigour and careful workmanship typical of Breuer.

112. Piero De Martini, due sedie "Alcina" rivestite in rosso e in giallo, Cassina, Meda, 1985, dal catalogo coevo dell'azienda (foto Aldo Ballo).
Piero De Martini, two "Alcina" chairs upholstered in red and yellow, Cassina, Meda, 1984, from the company catalogue (photo Aldo Ballo).

113. Reparto di falegnameria dell'azienda Cassina, Meda, 1985, prototipo della sedia "Alcina" di De Martini.
Cassina woodworking department, Meda, 1984, prototype of De Martini's "Alcina" chair.

114. Piero De Martini, sedie "Alcina", più esemplari in pose diverse (foto Aldo Ballo).
Piero De Martini, "Alcina" chairs, more examples in different positions (photo Aldo Ballo).

115. Piero De Martini, studi grafici a matita nera e a colori della sedia "Alcina", 1985.
Piero De Martini, graphic designs of the "Alcina" chair in black and coloured pencil, 1985.

116-117. Piero
De Martini, studi
grafici a matita
nera e a colori per
il tavolo "Ariante",
1985.
Piero De Martini,
graphic designs for
the "Ariante" table in
black and coloured
pencil, 1984.

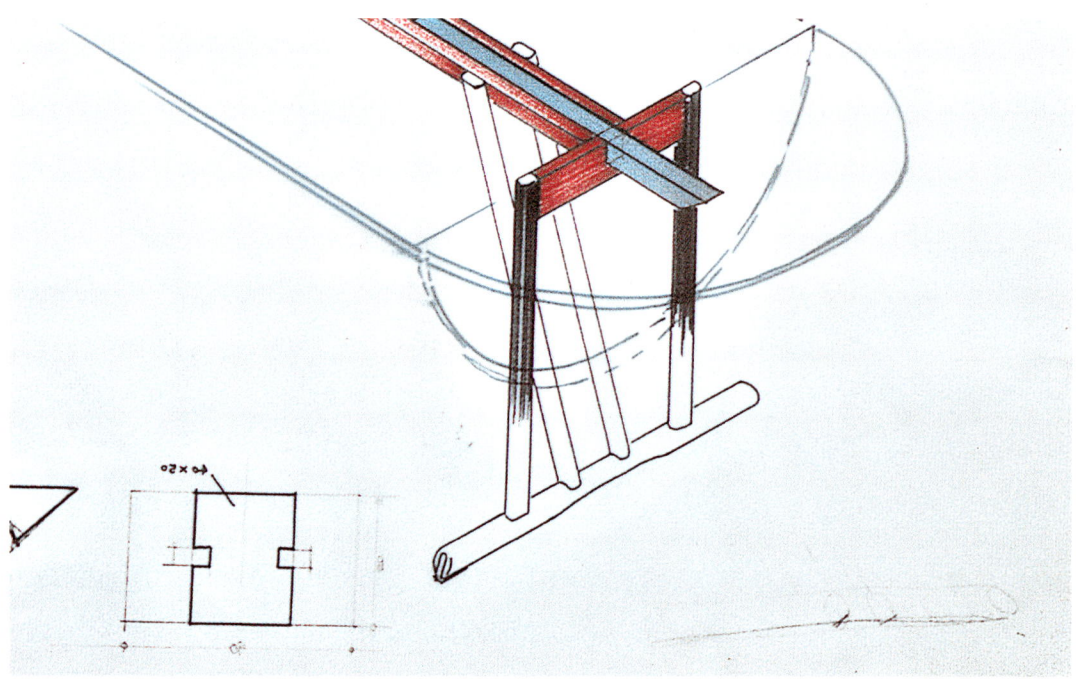

119. Piero De Martini, tavolo "Ariante", esemplare quadrato con sedia "Alcina" (foto Aldo Ballo).
Piero De Martini, "Ariante" table, square version with "Alcina" chair (photo Aldo Ballo).

120-121. Piero
De Martini,
tavolo "Ariante"
rettangolare con
ali sollevate e
tavolo "Ariante"
ampliabile doppio
con ali abbassate,
Cassina, 1984
(foto Aldo Ballo).
"Ariante" rectangular
table, with the wings
raised and "Ariante"
table featuring double
extension mechanism
in closed position,
1984, Cassina
(photo Aldo Ballo).

Una lampada insolita, prodotta da Venini, "Miraggio" (1985)

De Martini pensò di utilizzare per un nuovo apparecchio illuminante canne in vetro trasparente con anima colorata (di Murano, impiegate nei caratteristici tradizionali lampadari sospesi) di cui la fabbrica Venini disponeva, in diverse sezioni e altezze (figg. 122-124). Scelte per la loro caratteristica di catturare, trattenere e moltiplicare, nel suo rifrangersi, la luce, le cannule erano nel modello innestate su supporti metallici a forma di chiodo (qui il riferimento era forse a un gioco infantile all'epoca diffuso, "i chiodini" in plastica con i quali si disegnavano figure e forme piane su di una tavoletta forata) saldati a una piastra circolare in acciaio cromato (fig. 127). Quest'ultima ospitava quattro piccole lampade alogene interposte fra gli elementi vitrei; una serie infinita di riflessioni e rifrazioni dava l'illusione che la fonte luminosa provenisse dall'interno dei tubolari. Il materiale acquisiva, così, la massima espressività (fig. 126). Ciascuno poteva comporre l'oggetto luminoso spostando le cannule secondo il proprio volere, e abbandonarsi, a luci accese o spente, al gioco dell'immaginazione: scorgervi foreste, profili di montagne immerse in aure dorate, paesaggi urbani e altro. Immagini coeve d'autore (Giorgio Furla) (fig. 126) ne avevano captato l'intensa espressività per documentarne nel tempo lo splendore luminoso, quasi fossero antichi organi musicali ripresi sullo sfondo buio di absidi in cattedrali gotiche, o stalattiti rifulgenti in tenebrose caverne, o forme scolpite in ghiacciai perenni ripresi dall'obbiettivo al calare della notte (figg. 126-127).
Al Salone, l'esemplare fu esposto da Venini, che voleva stupire e sollecitare il pubblico, con altri due modelli, a firma di Paolo Deganello e Vico Magistretti.

122. Canna in vetro trasparente con anima colorata utilizzata da De Martini per la lampada da tavolo "Miraggio", azienda Venini, Murano, 1985 (foto Piero De Martini).
Transparent glass tube with colored core used by De Martini for the "Miraggio" table lamp, Venini, Murano, 1985 (photo Piero De Martini).

123. Un bimbo sposta una canna della lampada "Miraggio" (foto Piero De Martini).
A child moves one of the tubes of the "Miraggio" lamp (photo Piero De Martini).

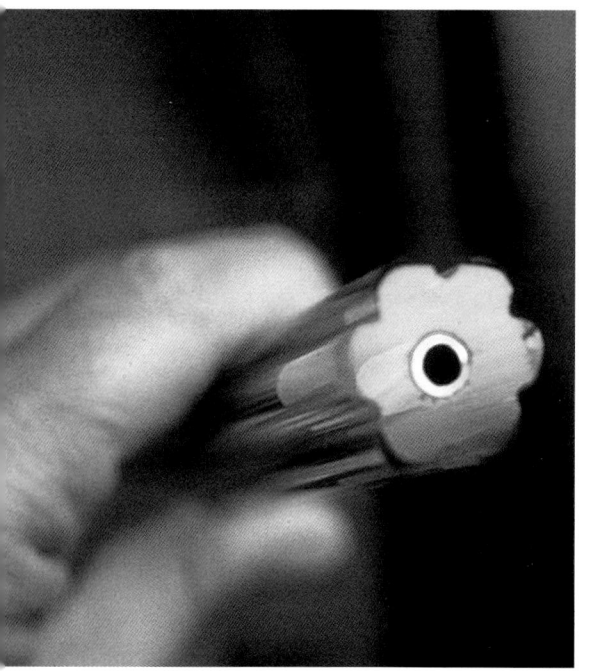

124. Tre esemplari di lampada "Miraggio" accesi, dal catalogo della ditta Venini.
Three examples of the "Miraggio" lamp switched on, from the Venini catalogue.

125. Lampada "Miraggio", particolare dei chiodini per l'inserimento delle canne.
"Miraggio" lamp, detail of the nails for the insertion of the Venetian glass tubes.

"Miraggio" (1985), an unusual lamp produced by Venini

In designing a new lamp, De Martini decided to use transparent glass tubing with colored core from Murano (used for the distinctive traditional chandeliers), which the Venini factory produced in various sizes and heights (figs. 122-124). Prized for the way they capture, hold and multiply the light as it reflects, the tubing was locked into metal spikes (the inspiration may have been a popular children's game by the name "I chiodini", where plastic nails could be arranged into various shapes on a perforated background). In turn, the metal elements were welded to a circular slab of chrome-plated steel (fig. 127), which housed four small halogen lamps interspersed between the glass parts. The endless reflections and refractions created the illusion that the light was coming from inside the tubes, heightening the expressive value of the material (fig. 126). Users could alter the lamp

126. Piero De
Marini, lampada
"Miraggio", Venini,
1985 (foto
Giorgio Furla).
Piero De Martini,
"Miraggio" lamp,
Venini, 1985 (photo
Giorgio Furla)

127. Un bimbo
sposta le canne
della lampada
"Miraggio", Venini,
1985 (foto Piero
De Martini).
A child moves
the tubes of the
"Miraggio" lamp,
Venini, 1985 (photo
Piero De Martini).

by adjusting the tubes however they saw fit, letting their imaginations run wild whether the lamp was on or off: it could create forests, mountains doused in golden light, urban landscapes and more. Images taken at the time (Giorgio Furla) (fig. 126) captured all of the lamp's intense expressiveness and luminous splendour, making the tubes look like an ancient musical organ against the dark apse of some gothic cathedral, or glowing stalactites in a gloomy cave, or ice sculptures in the failing light (figs. 126-127).

The lamp was displayed at the Milan Furniture Fair by Venini, who were keen to impress and pique the interest of the public, along with two other models by Paolo Deganello and Vico Magistretti.

"Sampan", a trip to the East (Cassina, 1986)

The idea for "Sampan", (Cassina, 1986) (figs. 128-131), a system of individual or multiple chairs that could be configured in open or closed arrangements, stemmed from observing sampan river boats in the Far East. These versatile, lightweight vessels were also used as homes. Thinking of his family, with his children now grown up, De Martini imagined something a little more reserved, a seating area where one could both enjoy a conversation and spend time alone. When viewed as one, the chair took on the appearance of a closed corolla, or the fluid, open nature of a flower cluster, a little floaty, like nymphs on the water. When placed alongside one another or joined together with simple invisible hooks, the armchairs became little islands (figs. 141, 131). As with the "Naviglio", the supporting structure was made from steel, while the collection also featured circular side tables or shelves in between the chairs (figs. 142-

"Sampan", "passaggio in Oriente" (Cassina, 1986)

L'idea del sistema di sedute singole o multiple, in configurazioni chiuse o aperte, "Sampan", (Cassina, 1986) (figg. 128-131) nacque osservando in Estremo Oriente le omonime imbarcazioni fluviali che, duttili e leggere, servivano anche come abitazioni. In famiglia, i figli ormai cresciuti, De Martini immaginò qualcosa di riservato, dove ritrovare il gusto della conversazione e dell'appartarsi. Un insieme che disegnasse sulle superfici e nello spazio interno la forma chiusa di corolle, o fluida e aperta di racemi un po' fluttuanti, ninfee su di uno specchio d'acqua. Accostate o assicurate con appositi, semplicissimi ganci di collegamento a scomparsa, le poltroncine formavano altrettante isole (fig. 141, 131). Anche qui, come in "Naviglio", la struttura portante era in acciaio ed erano previsti tavolini circolari o piani di servizio interposti (figg. 142-143). I sostegni metallici in vista (verniciati in grigio metallizzato, a contrasto con il rosso squillante del rivestimento) imprimevano all'ondivaga grazia delle curve di schienale contrapposte alla linea convessa delle sedute uno slancio da terra, accentuando l'impressione di un librarsi sospeso (fig. 137). Era possibile rivestire le parti, rese indipendenti per consentire la manutenzione, con tessuti in tinte diverse, unite o fantasia. Se un noto critico d'arte (Dorfles) aveva visto nella pur stilizzata sedia "Tonietta" (Zanotta, 1985) di Enzo Mari tracce di lontana reminiscenza neo-barocca del tutto inconsuete all'autore, in "Sampan" era palpabile l'accentuato, perfino un po' provocatorio richiamo formale alla grazia delle poltroncine e dei divani Luigi XV e Luigi XVI. La celebre poltroncina "Proust" di Mendini aveva lasciato il segno. Fu l'ultimo contributo del designer al catalogo Cassina.

128-131. Piero De Martini, studi grafici (eseguiti a pennarello) del sistema di sedute "Sampan", 1986. *Piero De Martini, graphic designs (drawn in felt pen) of the "Sampan" seating system, 1986*

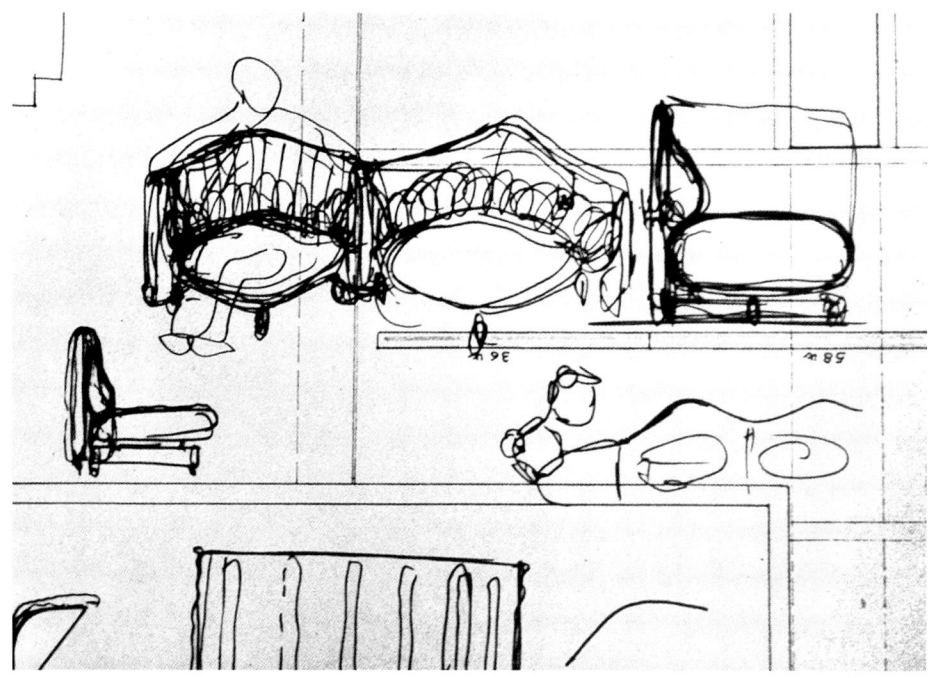

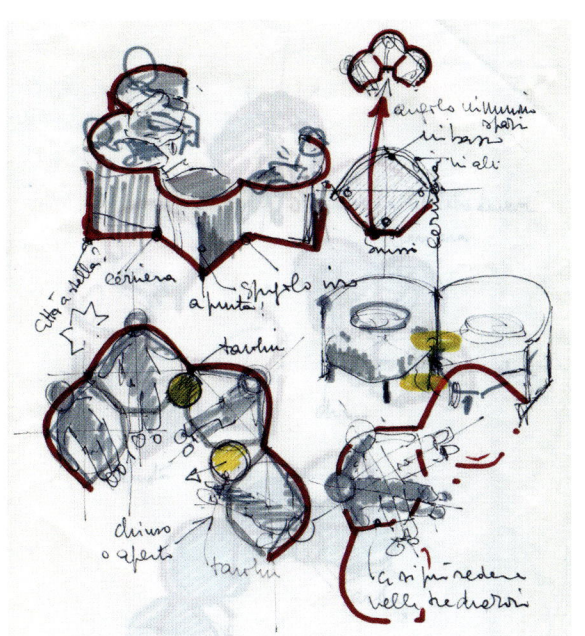

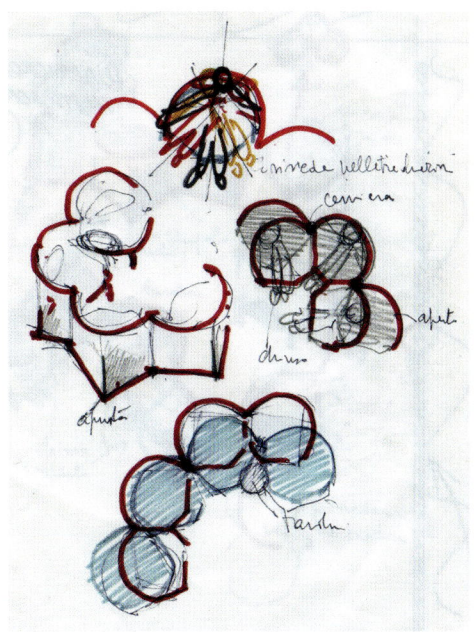

143). The visible metal supports (painted metallic grey to create a contrast with the bright red of the upholstery) held the chairs off the ground, accentuating the illusion that the languid, graceful curves of the backrest and the convex lines of the seat pads were floating in mid-air (fig. 137). The various parts were kept separate for easy maintenance, which meant that they could be fitted with coverings in different colours, either matching or in bolder combinations. And while the renowned art critic Gillo Dorfles had seen traces of the neo-Baroque style in Enzo Mari's stylised "Tonietta" chair (Zanotta, 1985), something completely unusual to the designer, in "Sampan" the accentuated – and perhaps even provocative – influence of the graceful armchairs and sofas of Louis XV and XVI was palpable. Mendini's celebrated "Proust" armchair had certainly left its mark. It was the designer's last contribution to the Cassina catalogue.

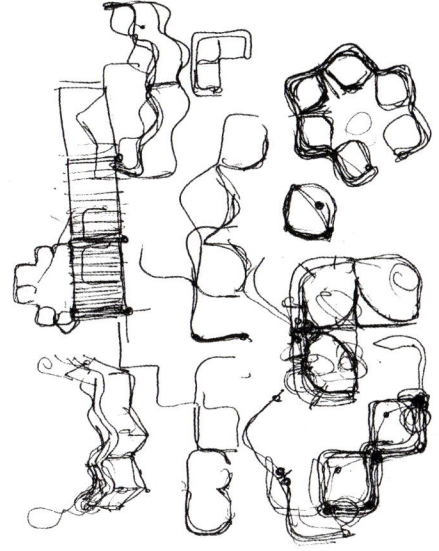

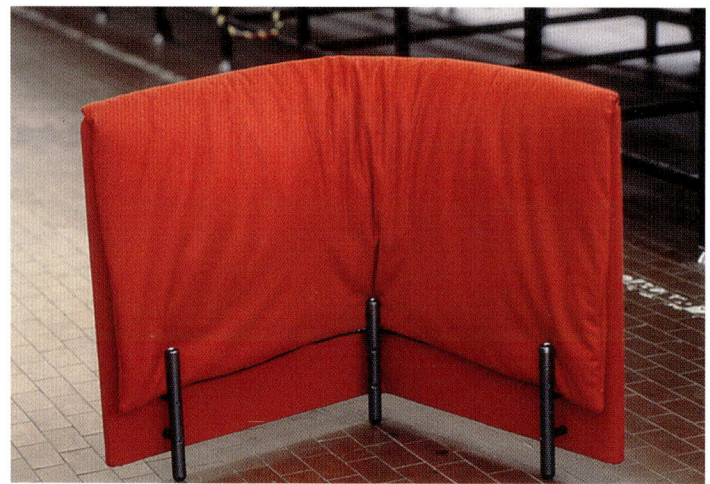

132-134 Fasi di montaggio della seduta "Sampan" di De Martini, Cassina, 1986 (foto Piero De Martini).
Assembly of De Martini's "Sampan" little armchair, Cassina, 1986 (photo Piero De Martini).

135-136. Fase
di lavorazione
di una parte di
seduta "Sampan",
Cassina, 1986.
Manufacturing
phase for part of
the "Sampan" chair,
Cassina, 1986.

137. Piero De Martini, elemento di seduta della serie "Sampan", Cassina, 1986, da una pagina di catalogo coevo dell'azienda.
Piero De Martini, chairing from the "Sampan" series, Cassina 1986, from a page in the company catalogue

138-139. Piero De Martini, due elementi "Sampan" assortiti rivestiti in tessuto chiaro e rosso, quest'ultimo con elementi di servizio.
Piero De Martini, two assorted "Sampan" pieces upholstered in light fabric and in red fabric, this one with a side table.

140. Piero De
Martini, seduta
"Sampan",
dettaglio di
fiancata.
Piero De Martini,
chairing from the
"Sampan" series side
detail.

141. Piero De
Martini, seduta
"Sampan" dettaglio
con gancio di
accostamento fra
elementi in vista.

Piero De Martini's
"Sampan" chairing
system, detailed view
of with visible join
between elements.

144-145. Piero De Martini, "Sampan", composizione a tre elementi di seduta chiusa e aperta.
Piero De Martini, "Sampan" chairing, closed and open composition featuring three chairing elements.

146. Interno di soggiorno in abitazione privata con divani e poltrona del sistema "Sampan" di De Martini, Cassina, 1986, da una pagina di catalogo coevo dell'azienda (foto Santi Caleca).
Private lounge with sofas and armchair from De Martini's "Sampan" system, Cassina, 1986, from a page in the company catalogue (photo Santi Caleca).

147-148. Piero
De Martini
seduta "Sampan",
composizione
semi-chiusa e
chiusa a tre e a
cinque elementi.
*Piero De Martini
"Sampan" chairing,
semi-closed and
closed composition
featuring three
elements and five.*

Anni novanta:
ragioni di una svolta
nell'attività, rapporti
con altre aziende

Nineties: Reasons
for a change in focus, relationships
with other companies

Modelli prodotti da Molteni: "Copernico" (1990) e "Spring"(1997)

Le fonti sullo stato dell'economia nazionale registravano in corrispondenza, nella seconda metà del decennio, "una forte espansione nel processo d'innovazione"[86]. La fabbricazione dei prodotti in numerosi impianti industriali d'imprese di piccole e medie dimensioni venne da allora in poi affidata a macchine automatizzate di recente acquisto. Di conseguenza, vi fu un netto incremento della produttività (più del 26 per cento nel quinquennio 1983-1988). Nel campo del mobile, ciò avveniva in concomitanza con l'estendersi di una crisi economica di nuova portata internazionale e a scapito della cura artigianale dedicata ai prototipi.

Nell'azienda Cassina, con l'uscita, di lì a poco, di Francesco Binfarè, che aveva deciso di mettersi in gioco come progettista autonomo (dopo l'eccezionale tirocinio compiuto in azienda, da giovane diplomato a responsabile dell'indirizzo e della definizione, insieme con i designer, dei modelli preliminari sino, nei primi anni ottanta, ad autore di allestimenti di negozi e spazi espositivi della società) e con l'introduzione di metodi più automatizzati di lavorazione, il peso fino a quel momento considerevole e strategico della sezione prototipi si ridusse alla predisposizione, in pratica, di uno solo di essi. Procedendo verso gli anni novanta, l'intero quadro dirigente di Cassina cambiò e così pure, di conseguenza, la linea produttiva fino ad allora seguita. Il progettista doveva, da allora in poi, sperimentare da sé quello che prima era frutto dell'attenta fase di verifica e correzione da parte di un'esperta equipe tecnico-artigianale organica all'impresa e già addestrata nella collaborazione con i grandi maestri del design. Se (e

Models produced by Molteni: "Copernico" (1990) and "Spring" (1997)

In the second half of the decade, all sources commenting on the state of the Italian economy noted "a substantial increase in innovation"[86]. From then on, the manufacture of products in many small and medium-sized industrial facilities passed to recently acquired automated machinery. As a consequence, there was a spike in productivity of over 26% between 1983 and 1988. In the furniture industry, this occurred at the same time as an expanding international economy crisis, with negative impacts on the levels of artisanal care afforded to prototypes.

Cassina would soon have to deal with the departure of Francesco Binfarè, who decided to go it alone as a freelance designer (after enjoying an incredible apprenticeship with the company, during which he went from a young graduate to being tasked with overseeing and finalising preliminary models with the company designs and, in the early 1980s, designing the company's stores and exhibition spaces). With the introduction of more automated manufacturing processes, the considerable strategic importance of the prototypes department was reduced, and in practice just one was produced for each project from then on. As the 1990s drew closer, the entire Cassina management changed around and, as a result, so too did the production process. From then on, the designer had to do their experiments on their own time, whereas before this had been part of the meticulous verification and correction phase undertaken by an expert team of in-house technicians and craftspeople who were well accustomed to working with top designers. If (and when) the designer's idea was approved, it would be passed to the rather cold technical department and the model would then undergo the process of engineering, with only executive action taken. It was a definitive rejection of that treasure trove of experience and expertise that represented the greatest

quando) approvata, la sua idea passava al vaglio dell'ufficio tecnico, in un ambiente un po' asettico, preposto alla cosiddetta "ingegnerizzazione" del modello, con compiti solo esecutivi. Rinunciando, così, definitivamente, a quel complesso intreccio di esperienze e di apporti che costituivano, prima di quella fase e senza alcun risparmio di tempo e di energie, il punto di forza e il segreto dell'affermazione del prodotto di Design italiano nel mondo.

De Martini aveva iniziato fin dal 1989 a studiare un nuovo sistema modulare di sedute con l'azienda milanese per destinataria, il cambio di registro e di passo lasciò in sospeso il progetto che attirò l'attenzione e l'interesse dell'azienda Molteni (fig. 149 a, b, c, d, e, f). Per i titolari, poteva essere l'occasione di affacciarsi nel campo dei mobili imbottiti sino a quel momento estraneo. Nacque così "Copernico", insieme di oggetti coordinati per l'habitat domestico, concepiti come altrettanti pianeti circondati da satelliti. Fra i primi, sedute imbottite singole di forma quadrata aperte su di un fianco (prive di un bracciolo laterale) e accostabili (fig. 150), a formare un divano a due posti; altre di forma rettangolare, con analoghe caratteristiche, ma, in aggiunta, la possibilità di realizzare, abbinate, un divano di dimensione più ampia. Il pianeta centrale era un divano a due elementi sprovvisto di appoggi sulle fiancate (e a sua volta collegabile). Completavano il sistema tavoli alti da pranzo o da lavoro (se indipendenti, di forma circolare) che permettevano anche, ribaltandone un solo spicchio o metà del piano, di ottenere una superficie di appoggio, sull'angolo, di lato o sul retro del divano (fig. 151). Altri tavoli, alti o bassi, di diametro inferiore diventavano, se ripiegati, console o piano di supporto per oggetti e di snodo fra due sedute disposte un po' sghembe (a formare una V capovolta, priva di vertice). In ultimo, un piccolo elemento di sostegno per il personal computer (o altri schermi e apparecchiature), o in funzione di semplice leggio e scrittoio.

strength and secret of the success of Italian design around the world.

In 1989, De Martini began to design a new modular seating system with Cassina in mind, yet the change of direction left the project up in the air. Soon, it attracted interest from Molteni (fig. 149 a, b, c, d, e, f) For the company owners, it was a chance to move into the world of upholstered furniture for the first time. "Copernico" was a collection of coordinated objects for the domestic setting, devised as planets surrounded by satellites. One of the first products was a range of individual square padded seats that were open on one side (i.e. with no armrest) and could be joined together to form a two-seater sofa. These were followed by similar rectangular versions, which could be arranged to create an even large sofa. The central "planet" was a two-part sofa with no armrests (this too could be joined together (fig. 150) with another piece). Completing the collection were high dining and work tables (where these were free-standing, they were circular in shape). If a part or half of the table top was folded town, this allowed the user to obtain a corner or side shelf, or behind the sofa (fig. 151). Other smaller tables, both high and low, could be folded down to create console tables or shelves for objects, or act as a central surface between two seats positioned at an angle (like an upside-down V without a point). Lastly, there was also a small stand for a computer (or another screen or device), which also doubled up as a simple bookrest or desk.

It was a universe that anyone could arrange in their own way, with none of the constraints of a permanent or pre-defined layout. The Molteni catalogue illustrated the various combinations and configurations possible. Looking back on it years later, the design of the upholstered fabric chosen (striped and in faint colours, or with tiny "cashmere" patterning or floral designs, making for a dated feel) seems to get muddled and clash with the subtle veining of the wood of the tables, interfering with the viewer's perception

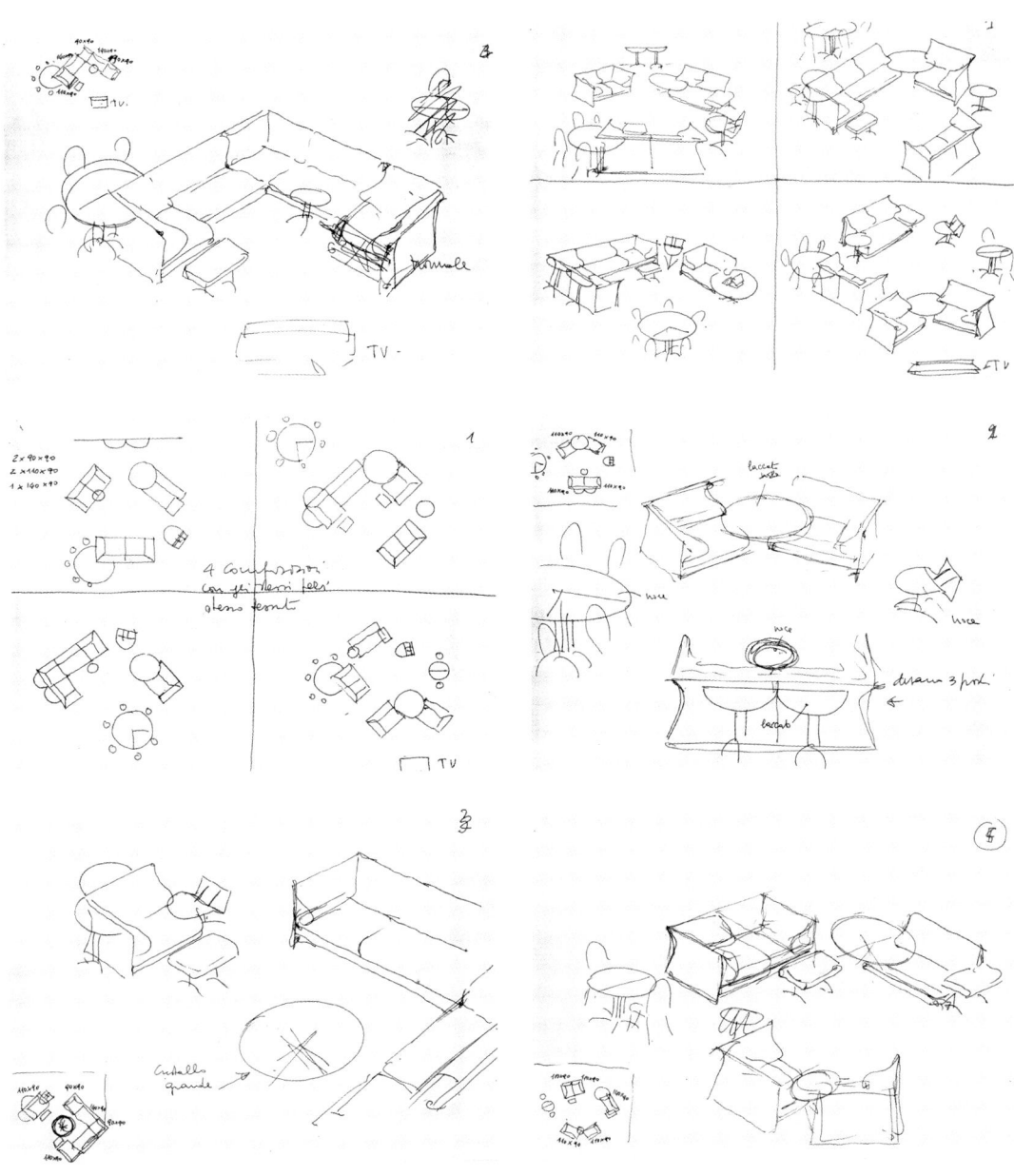

149 a, b, c, d, e, f.
Piero De Martini,
studi grafici a
inchiostro nero per
il sistema di sedute
"Copernico",
azienda Molteni,
1990.
Piero De Martini,
graphic designs for the
"Copernico" chairing
system in black ink,
Molteni, 1990.

150. Piero
De Martini,
due elementi
contrapposti
del sistema
"Copernico" con
tavolini accessori,
Molteni, 1990.
Piero De Martini,
two counterposed
elements of the
"Copernico" system
with accessory side
tables, Molteni, 1990.

of the whole. In the solid-colour version, and especially in the version with the charcoal grey leather lining (fig. 150), one can still detect traces of the level of harmony achieved by De Martini in "Violoncello" and "Viola d'Amore", the models he designed for Cassina in the last 1970s. Generally speaking, the images and graphics in the Molteni catalogue were much less accurate than they would have been had they been produced by Cassina, which was very much at the forefront of the sector. Nevertheless, analysis of the designer's sketches reveals all of the expressive, structured pieces in the project with the kind of clarity and order befitting a collection named after Copernicus.

The Giussano-based company (founded in the early 1930s and now "one of the few companies in the sector to process the entire production cycle, from the acquisition of raw materials to the completion of the finished product"[87] and equipped with the technical means to exercise "comprehensive quality control"[88]) would go into decline

before releasing "Spring", an elegant armchair and sofa designed by De Martini (fig. 156). Unveiled as part of the catalogue with suitable pomp, emphasis was placed on the gracefulness of the "collar", which looked like "stiff wings" (this served as the armrests and backrest; some similarities can be drawn with the armrests of a previous Carlo De Carli creation from 1953, which was featured in the stunning exhibition on the Milanese architect and designer at the Triennale in April-June 2011). "Spring" featured small ovoid supports in metal at the base, holding it up off the floor and underlining the fluid lines of the piece. Yet despite the quality design and contemporary, light-weight shape, the model was quickly left to one side. At the time, the company was focused on the needs of the middle to upper classes who were shying away from change in search of the reassurance of normality. Molteni was also relying heavily on the artistic direction and work of the designer Luca Meda. These factors led to the marginalisation and the natural (and

151. Piero De Martini, divano "Copernico" in una delle possibili configurazioni con tavolino incorporato, Molteni, 1990, dal catalogo dell'azienda Molteni. *Piero De Martini, the "Copernico" sofa in one of the possible configurations with an incorporated table, Molteni, 1990, from the Molteni company catalogue.*

152. Piero De Martini, divano "Copernico" con tavolino di lettura. *Piero De Martini, the "Copernico" sofa with side table.*

153. Interno di soggiorno con sedute della serie "Copernico" di Piero De Martini, Molteni, primi anni novanta, da un catalogo coevo dell'azienda.
Lounge with chairing from Piero De Martini's "Copernico" series, Molteni, early 1990s, from one of the company catalogues.

154. Piero De Martini, poltrona "Spring", 1997, Molteni, dal catalogo coevo dell'azienda.
Piero De Martini, "Spring" armchair, 1997, Molteni, from the company catalogue.

155. Piero De Martini, divano a due posti "Spring", 1997, Molteni, dal catalogo coevo
Piero De Martini, "Spring" two-seater sofa, 1997, Molteni, from the catalogue.

156. Piero De Martini, poltrona "Spring", 1997, Molteni, dal catalogo coevo dell'azienda.
Piero De Martini, "Spring" armchair, 1997, Molteni, from the company catalogue.

Un universo che ciascuno poteva comporre a modo suo, senza vincoli di asset-to stabile o rigidamente predefinito. Il catalogo di Molteni illustrava le diverse combinazioni e configurazioni possibili. Esaminandolo a distanza di tempo, si ha l'impressione che i decori dei tessuti di rivestimento scelti dalla produzione (rigati e in tonalità di colore tenui, o a minuti motivi "cachemire", o a disegni floreali, secondo un gusto "datato") finissero con il confondersi e il sovrapporsi alle sottili venature dei piani in legno dei tavoli, interferendo con la percezio-ne formale dell'insieme. Nelle versioni in tinta unita e specialmente con fode-ra in pelle grigio antracite (fig. 150) sono invece tuttora ravvisabili tracce di un'armonia già compiutamente espressa da De Martini in modelli Cassina dei secondi anni settanta, "Violoncello" e "Viola d'Amore". In complesso, le stesse riproduzioni, le inquadrature e la grafica del catalogo Molteni risultavano meno accurate di quanto non fossero stati i corrispondenti esempi di Cassina, deci-samente all'avanguardia nel settore. Dalla visione degli studi grafici dell'autore emerge invece tuttora, nitida e lucidamente preordinata come si conviene a un sistema "Copernicano" tutta l'espressiva, articolata varietà di proposte tipica del progetto.

L'azienda di Giussano (fondata agli inizi degli anni trenta, oggi "fra le poche società del settore che dispongono di un ciclo di produzione integrale, dall'ac-quisizione delle materie prime alla messa a punto del prodotto finito"[87] e tec-nicamente in grado di esercitare "un controllo completo della qualità")[88] avreb-be più tardi, nel 1997, fatto deperire prima di nascere "Spring", elegantissimo modello di poltrona – e divano – disegnati dallo stesso progettista (fig. 156). Presentata in catalogo con giusta enfasi, ponendo l'accento sulla grazia aerea di un "colletto" (con funzioni di braccioli e schienale; si può forse rintracciare qualche similitudine, nei braccioli, con un precedente esemplare di Carlo De

definitive) exclusion of alternative external design contributions, even where these were highly original and could well have been a success.

Early 1990s, individual objects for Acerbis and the "Morphos" line

Between 1991 and 1992, De Martini designed three domestic objects for Acerbis. While all three were designed for specific functions, they all shared a playful side and were eccentric enough to illicit a degree of instinctive empathy in the observer. By coincidence, De Martini had run into Ludovico Acerbis, the owner of the company, during a trek to base camp in the Himalayas. On the way back, De Martini pitched some ideas and Acerbis asked him to create them.

"Escher" (1991) was a side or console table in wood and glass, available in a variety of shapes and heights. The base (in American cherry wood or black painted ash) was a fluid structure with visible joints, creating a contrast with the transparent glass panels, which were either square or circular in shape. This visual contrast emphasised the abstract nature of the fluid base (fig. 157).

The "Viz" (1992) column coat rack with wooden supports was suitable for any space, with five branches at the top (shaped like boomerangs) which were mounted on spheres and could be rotated, the shorter sides visibly fluted at the edges. In the definitive version of the product, it was held up by four slanting painted supports, mirroring the hangers in black, red and dark blue. The rest of the piece featured the natural tone of the wood (figs. 159-160).

"Trek" (1991) could serve as a mini portable bookcase (with or without wheels) which could be moved according to requirement or stacked to create a large shelving unit. The designer wanted the triangular side supports (softened in the middle by a bolt-shaped incision, like part of an imaginary lock – Lucio Fontana had been using holes and slashes to

Carli del 1953, esposto nella bella mostra sul designer e architetto milanese alla Triennale, aprile-giugno 2011) in foggia di "ali tese", "Spring" era provvista alla base di piccoli supporti metallici dalla forma ovoidale, che ne segnavano il distacco da terra sottolineando la fluida linearità dell'invaso. Nonostante le evidenti qualità di concezione e la forma per ispirata leggerezza sempre attuale il modello fu subito lasciato cadere. La ditta era concentrata in quel periodo sulle esigenze di una borghesia medio-alta che rifuggiva le novità in cambio di rassicuranti conferme; faceva, inoltre, perno sulla direzione artistica e sull'opera del designer Luca Meda. Fattori che portavano a emarginare e poi tendenzialmente (e fatalmente) a escludere contributi progettuali esterni alternativi, con decisi caratteri di originalità o addirittura di possibile protagonismo.

Oggetti singoli per Acerbis, serie "Morphos", primi anni novanta

Per quest'azienda De Martini disegnò fra 1991 e 1992 tre oggetti domestici che, pur adatti a precise funzioni utilitarie, avessero un aspetto ludico e quel tanto di eccentrico da suscitare nell'osservatore istintiva empatia. Casualmente, l'autore aveva condiviso con Ludovico Acerbis, titolare dell'omonima azienda, l'avventura di un trekking fino al campo-base dell'Everest; presentandogli, al ritorno, alcune sue idee, fu invitato a realizzarle.

"Escher" (1991) era un tavolo di servizio o una console disponibile in forme e altezze differenti, composto di legno e cristallo. La base era costituita da una struttura (in ciliegio americano o frassino laccato nero) a linea continua, con incastri

incorporate empty space into his canvases for some time now) to end in a point, like a wizard's hat (figs. 161-164). The company, however, cut them off, stymying the playful meaning, perhaps mindful of safety issues such as unavoidable collisions. Once again, the combination of colours opposites and the subtly fluted handle created the impression of a children's toy. It was a contemporary version of the wooden bookcase designed by Angelo Mangiarotti in the 1950s.

Also produced by Acerbis as part of the same collection ("Morphos"), De Martini's "Liv1" and "Liv2" (1998) chairs featured a metal structure made from steel tubing, either chrome-plated or painted silver. Small in size and perfectly stackable, the "Liv1" chair was initially covered with stretch nylon, while "Liv2" had a double covering: the inner lining was attached to the padding, with a second, external covering in high-end fabric (figs. 165-179). The linear elegance of the chairs, particularly the sleekness of the tubular supports, invoked the renowned chairs designed by Breuer in the mid-1920s, as well as the similar legs of the "Hardoy Chairs" (Jorge Ferrari-Hardoy, Antonio Bonet, Juan Kurchan, produced by Knoll International). These were taken from old colonial chairs and distributed to various countries between the 1950s and 1960s.

1990s, final objects and furniture

The Alivar company made somewhat of a mess of the "Degas" (1996) chair, an object with a peppy attitude despite its static nature. The curved line at the top of the backrest was so difficult to produce that it required the use of a special machine to numerically check each piece (this wasn't widely used at the time, so was difficult to find in a woodworking studio) (figs. 170-172). Alivar was well respected for having put legendary pieces by the great designers back into production while staying completely loyal to the originals (although, unlike Cassina, they had received

in vista, a creare contrasto con i piani trasparenti, quadrati o circolari; ossimoro visivo che dava risalto all'armonioso gioco scultoreo di timbro astratto (fig. 157).

"Viz" (1992), appendiabiti a fusto e supporti in legno adatto a qualsiasi ambiente, era dotato sulla sommità di cinque bracci di forma irregolare (simili ad altrettanti boomerang) girevoli su sfere, il lato più corto visibilmente scanalato sull'estremità; nella versione definitiva era retto da quattro sostegni sghembi verniciati, al pari dei reggi-abiti, in nero, rosso o verde scuro; tutto il resto manteneva il tono naturale del legno (figg. 159, 160).

"Trek" (1991) poteva fungere da micro-libreria portatile (con o senza ruote), spostabile secondo le necessità del momento o costituire, per semplice sovrapposizione, l'elemento modulare di un più esteso scaffale. I supporti laterali a triangolo (alleggeriti al centro da un intaglio a forma di chiavistello d'immaginaria serratura, già da tempo Lucio Fontana aveva incluso lo spazio vuoto nella tela aprendovi buchi e tagli) dovevano secondo il progettista terminare a punta sull'estremità, allusivi a copricapo magico. L'azienda li tagliò, decapitando l'accenno scherzoso (ma forse, in ciò, non erano estranee ragioni di sicurezza riguardo a urti accidentali non sempre eludibili) (figg. 161-164). Anche qui l'abbinamento fra le opposte tonalità di colore e l'impugnatura lievemente scanalata acuiva l'impressione di giocattolo infantile, versione contemporanea di una libreria lignea disegnata negli anni cinquanta da Angelo Mangiarotti.

Realizzate sempre da Acerbis, prodotte nella stessa serie ("Morphos"), le due sedie modello "Liv1" e "Liv2" (1998) del designer avevano struttura metallica in tondino di acciaio cromato o verniciato argento. Perfettamente sovrapponibili, di minimo ingombro, erano concepite per un rivestimento che, nel primo modello, era in nylon estensibile, mentre nel secondo era duplice, con fodera interna sulla quale era assicurata l'imbottitura e un ulteriore rivestimento in tessuto di pregio (figg. 165-169)

157. Piero De Martini, tavolino e console "Escher", serie Morphos, Acerbis, 1991, dal catalogo dell'azienda (foto Studio Azzurro). *Piero De Martini, "Escher" side table and console table from the Morphos series, Acerbis, 1991, from the company catalogue (photo Studio Azzurro).*

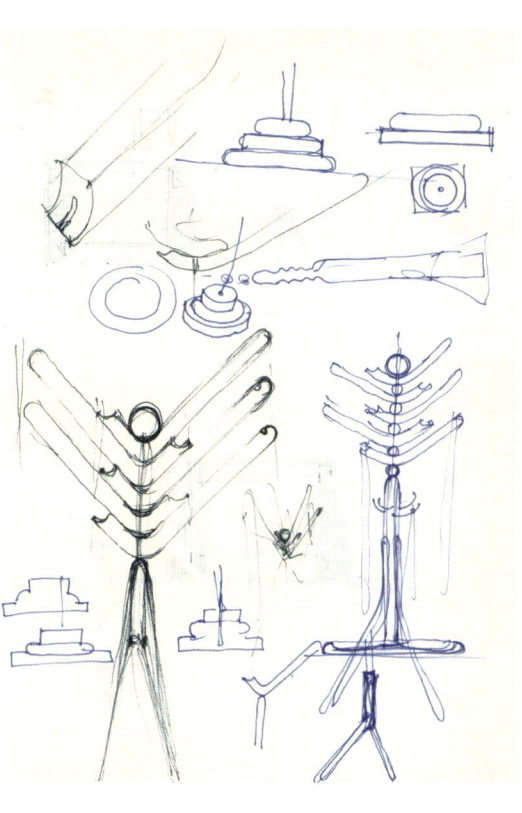

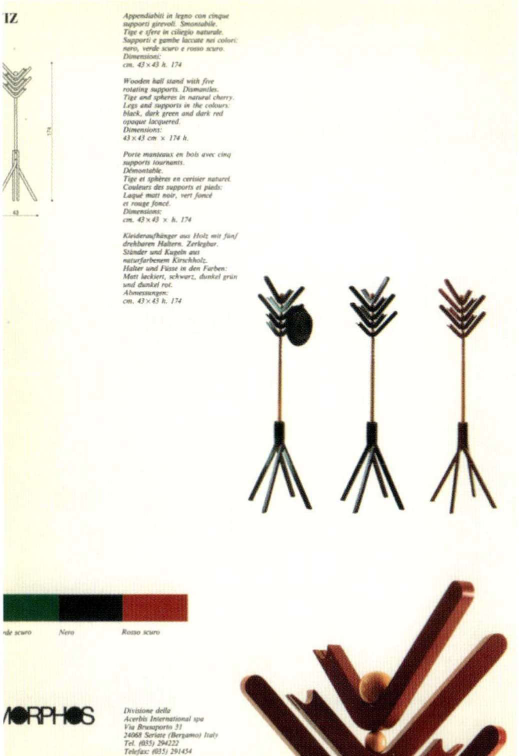

IZ

Appendiabiti in legno con cinque
supporti girevoli. Smontabile.
Tige e sfere in ciliegio naturale.
Supporti e gambe laccate nei colori:
nero, verde scuro e rosso scuro.
Dimensioni:
cm. 43 × 43 h. 174

Wooden hall stand with five
rotating supports. Dismantles.
Tige and spheres in natural cherry.
Legs and supports in the colours:
black, dark green and dark red
opaque lacquered.
Dimensions:
43 × 43 cm × 174 h.

Porte manteaux en bois avec cinq
supports tournants.
Démontable.
Tige et sphères en cerisier naturel.
Couleurs des supports et pieds:
Laqué matt noir, vert foncé
et rouge foncé.
Dimensions:
cm. 43 × 43 × h. 174

Kleideraufhänger aus Holz mit fünf
drehbaren Haltern. Zerlegbar.
Ständer und Kugeln aus
naturfarbenem Kirchholz;
Halter und Füsse in den Farben:
Matt lackiert, schwarz, dunkel grün
und dunkel rot.
Abmessungen:
cm. 43 × 43 h. 174

verde scuro	Nero	Rosso scuro

MORPHOS

Divisione della
Acerbis International spa
Via Brusaporto 31
24068 Seriate (Bergamo) Italy
Tel. (035) 294222
Telefax (035) 291454

161. Prototipo
della prima
versione di "Trek"
(Acerbis, 1991),
casa De Martini,
2011 (foto Laura
Falconi).
Prototype of the first
version of "Trek"
(Acerbis 1991),
De Martini house,
2011 (photo Laura
Falconi).

no authorisation to do so from the designers or from their heirs). Only ten "Degas" chairs were made. One year previously, De Martini had designed the "Manet" bookcase in wood with glass windows (fig. 173), as well as a table, for the same company. However, "Manet" was misunderstood and under appreciated by Alivar, despite being in line with the designer's usual standards in terms of form and practicality of use. Images of the prototype underline the pleasantly sturdy, square shape, with the object's material "physicality" also clear to see. It seemed to touch upon vague childhood memories of those solid wooden boxes used to store building blocks back in the 1940s.

These objects are the last known fruits of De Martini's respectable 30-year career as a designer. A few years later, after Daniele Baroni declared that the "La Barca" system "offered informal combinations for seating, sleeping, resting and eating, whether alone or as part of a group"[89], Renato De Fusco mentioned De Martini (again referring to the "La Barca" modular system) in his book *Storia del disegno industriale italiano* [History of Italian Industrial Design] (Bari, 2007)[90].

Economic crisis or crisis of ideas for Italian manufacturing

Though the Italian furniture sector had performed well in the international market during the 1980s (1988 saw a general boom in sales, with private consumption rising steadily), the 1990s saw the worsening of the global recession and, in Italy, a significant fall in demand (partly due to events such as the Gulf War). Only foreign exports, which were registering considerable growth, were able to compensate for the "decrease in GDP"[91], contributing to an upturn that lasted for around two years. However, yearly data showed that in addition to a "moderately positive" 5.8%[92] increase of industrial production in 1991, the "living rooms and bedrooms"[93] sector was shrinking slightly. The following year saw

162. Piero De Martini, libreria "Trek", serie "Morphos", Acerbis, 1991, dal catalogo.
Piero De Martini, the "Trek" bookcase from the Morphos series, Acerbis, 1991, from the catalogue.

163. Piero De Martini, libreria "Trek" a tre ripiani, serie "Morphos", Acerbis, 1991, dal catalogo.
Piero De Martini, "Trek" bookcase with three shelves, "Morphos" series, Acerbis, 1991, from the catalogue.

164. Piero De Martini, micro-libreria portatile "Trek", serie "Morphos", Acerbis, 1991, dal catalogo.
Piero De Martini, "Trek" portable mini-bookcase, "Morphos" series, Acerbis, 1991, from the catalogue.

165-166.
Piero De Martini, sedia in tondino d'acciaio "Liv1", 1998, serie "Morphos", Acerbis, dal catalogo (foto Puntozero).
Piero De Martini, "Liv1" chair in steel tubing, 1998, Morphos series, Acerbis, from the catalogue (photo Puntozero).

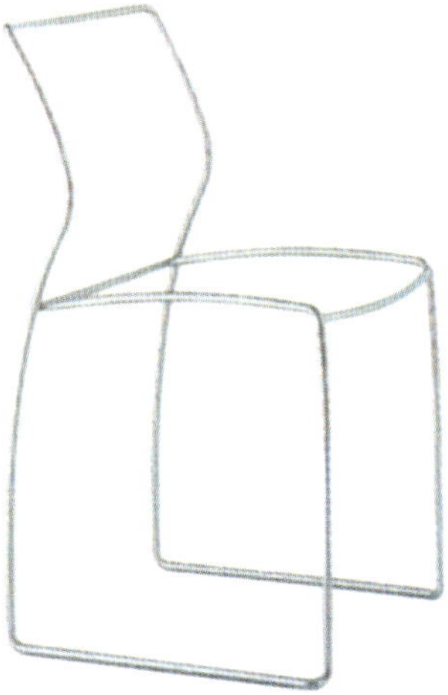

167. Piero De Martini, sedia in tondino d'acciaio "Liv1", 1998, serie "Morphos", Acerbis, esemplari sovrapposti.
Piero De Martini, "Liv1" chair in steel tubing, 1998, Morphos series, Acerbis stacked models.

168. Piero De Martini, sedie "Liv 2" disposte in pila, serie "Morphos", 1998, Acerbis, dal catalogo.
Piero De Martini, stack of "Liv 2" chairs, Morphos series, 1998, Acerbis, from the catalogue.

169. Piero De Martini, sedia "Liv 2", svestita e rivestitia.
Piero De Martini, "Liv 2" chair, bare and covered.

Di lineare eleganza, richiamava nella sottigliezza dei supporti tubolari, oltre ai celebri modelli di sedie progettati da Breuer a metà degli anni venti, analoghi sostegni delle "Hardoy Chairs" (Jorge Ferrari-Hardoy, Antonio Bonet, Juan Kurchan, produzione Knoll International) riprese da esemplari preesistenti di poltrone coloniali e diffuse, nella versione più recente, in vari paesi negli anni cinquanta-sessanta.

Ultimi oggetti e mobili, anni novanta

Della sedia dell'autore "Degas" (1996), dono di attitudine alla danza elargito a un esemplare per sua natura statico, con una linea curva di raccordo al culmine dello schienale di così difficile realizzazione da richiedere l'impiego di una macchina a controllo numerico dei pezzi (all'epoca da poco in uso, dunque non facilmente reperibile nei laboratori di falegnameria) l'azienda (figg. 170-172) Alivar, celebre per aver messo in produzione modelli storici dei Maestri in tutto fedeli agli originali (ma, a differenza di Cassina, senza alcuna autorizzazione da parte degli eredi) fece scempio. La tiratura fu di soli dieci esemplari. Un anno prima De Martini aveva disegnato per la stessa ditta, insieme con un tavolo, la libreria in legno con ante di vetro "Manet" (fig. 173). Proposta che risultò, di fatto, incompresa e poco valorizzata dagli stessi produttori, pur possedendo requisiti formali e d'uso non inferiori ad altre creazioni dell'autore. L'immagine del prototipo ne sottolinea la piacevolmente squadrata, salda volumetria; ma anche l'evidente "fisicità" materica inferta dal designer all'oggetto, dove sembra affiorare un vago ricordo infantile di robuste scatole in legno già destinate a contenere solidi geometrici per il gioco delle costruzioni, diffuse negli anni quaranta del Novecento.

exports hold by and large, thus "balancing out the difficulties of the domestic market"[94]. Further evidence was provided of the wavering and unpredictable course of phenomena connected to economics and consumption in 1994, when demand and consumption both grew despite 1993 being a year of recession during which problems besieged the flourishing chair manufacturing sector. Yet these constant fluctuations made life difficult for companies, harming their forecasting capabilities. After a general upturn in 1994, with the furniture and accessories sectors performing particularly well, the unstable nature of the industry was once again confirmed when another dip occurred in 1996. Industrial production rates decreased significantly, a fact mirrored – albeit to a lesser extent – by the furniture industry as a result of weakened domestic and international demand. Between 1996 and 2000, only the wooden furniture sector registered any growth of note, and in the two years that followed this too slowed[95].

No less worryingly than the uncertain economic situation, the most attentive observers had for some time pointed to the lack of cultural markers to give a direction to producers, designers, artists and the public as part of a virtuous cycle of information, as had been the case in the past.

Writing with his usual lucidity, Gillo Dorfles (1986) remarked: "Italy has more architecture and furniture magazines than any other country in the world… but three quarters of these are completely useless. Compare them with really serious magazines such as the "Architectural Review" – none of them are truly up to the standard (…) required to be a source of critical information on architecture and industrial design"[96]. Without solid production support from companies, aspiring designers would take on roles more befitting an artist or decorator (indeed, more established names did the same as a result of the problems affecting the sector). In 1987, one well-known critic commented[97] on the international growth in popularity of design exhibitions in art galleries and

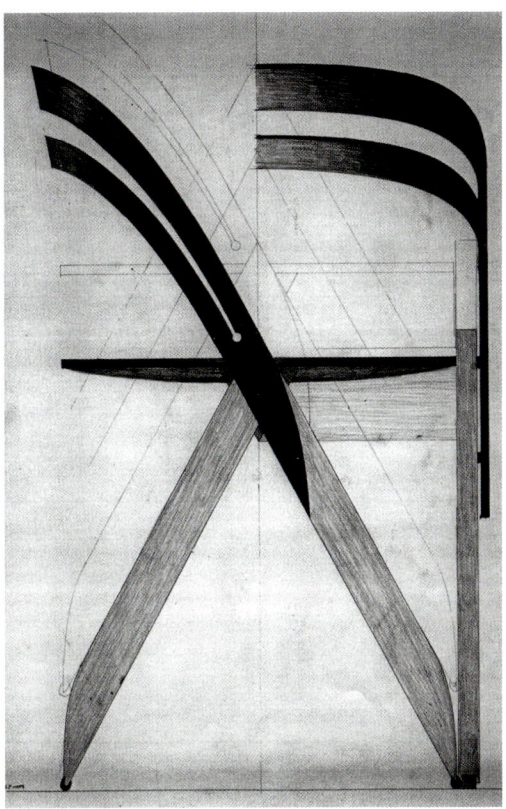

170. Piero De Martini, disegno esecutivo a matita della sedia "Degas", 1996.
Piero De Martini, final pencil design of the "Degas" chair, 1996.

172. Piero De Martini, studi grafici a inchiostro della sedia "Degas", Alivar, 1996.
Piero De Martini, graphic designs of the "Degas" chair in ink, Alivar, 1996.

171. Piero De Martini, profilo della sedia "Degas", prototipo, 1996 (foto Giorgio Furla).
Piero De Martini, profile of the "Degas" chair, prototype, 1996 (photo Giorgio Furla).

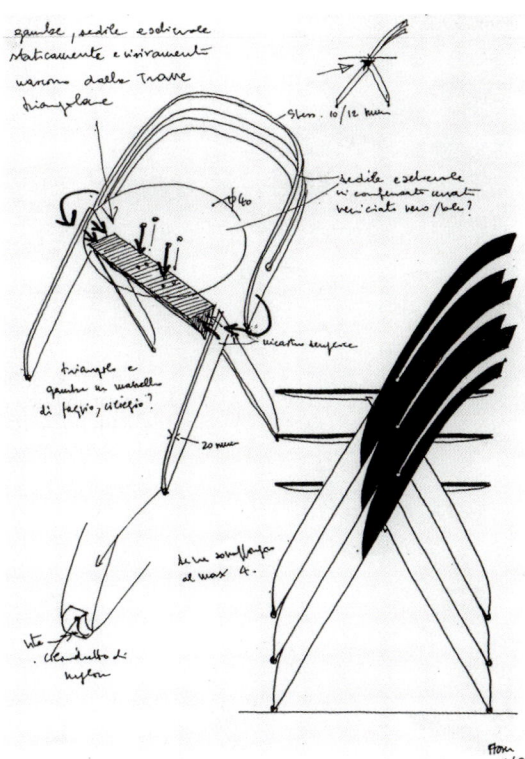

Oggetti che costituiscono gli ultimi documenti, almeno sino a ora, nell'attività (durata un trentennio e non di secondo piano) di De Martini designer. Non molti anni più tardi, dopo Daniele Baroni (che scriveva a proposito del sistema "La Barca": "prevede combinazioni più informali per sedere, dormire, riposare, mangiare, soli o in gruppo")[89], Renato De Fusco avrebbe citato l'autore (con riferimento al sistema modulare "La Barca") in un'autografa *Storia del disegno industriale italiano*[90].

Crisi economica o crisi d'idee per il "Made in Italy"

Dopo i buoni esiti internazionali del mobile italiano durante il precedente decennio (ancora nel 1988 vi era stato un boom di vendite nel quadro di una generale, consistente ripresa dei consumi privati) sul piano economico i primi anni novanta avevano registrato un aggravamento della recessione mondiale e, nel paese, una sensibile contrazione della domanda (anche in conseguenza ad avvenimenti come, nel Mediterraneo, la Guerra del Golfo); solo l'esportazione di beni all'estero, in rilevante ascesa, riusciva a compensare la "caduta del prodotto interno lordo" (PIL)[91], concorrendo a una ripresa durata circa un biennio. La lettura dei dati annuali segnalava però, accanto a un incremento della produzione industriale "moderatamente positivo" (+ 5,8%)[92] del 1991, un settore "soggiorni e camere da letto"[93] in lieve contrazione, mentre l'anno seguente era ancora la sostanziale tenuta delle esportazioni "a riequilibrare le difficoltà del mercato interno"[94]. A sottolineare l'andamento ondivago e non sempre prevedibile dei fenomeni connessi alla congiuntura economica e al consumo, se il 1993 era stato poi anno di recessione, con difficoltà che investivano un settore già fiorente come l'industria della

173. Piero De Martini, libreria-armadio ad ante di cristallo "Manet" (in alto), tavolo (in basso) e sedia "Degas", Alivar, dal catalogo dell'azienda, 1996 (foto Puntozero). Piero De Martini, "Manet" bookcase/cupboard with glass doors (above), table (below) and "Degas" chair, Alivar, from the company catalogue, 1996 (photo Puntozero).

sedia, l'anno successivo si verificava una ripresa della domanda e dei consumi. Una continua alternanza di situazioni che causava disagi alle aziende, ostacolandone la capacità di previsione. Dopo una generale ripresa, nel 1994, e segnatamente nel caso di mobili e accessori, due anni dopo si era verificato, a ulteriore conferma del carattere alternante e instabile del fenomeno, un nuovo arresto. L'indice della produzione industriale segnalava addirittura un sensibile arretramento; dato riscontrabile, seppure in minor misura, anche nel campo del mobile, per l'indebolita domanda interna ed estera. Solo fra 1996 e 2000 il sistema "legno-arredo" avrebbe registrato una soddisfacente espansione, ma nel biennio successivo la crescita subiva un ridimensionamento[95].

Non meno preoccupante dell'incerto quadro economico risultava da tempo ai più attenti osservatori la carenza di strumenti e indirizzi culturali che fornissero, come era avvenuto in passato, con sufficiente continuità orientamento, in un virtuoso circuito informativo, a produttori, progettisti, artisti e pubblico.

Aveva osservato con la consueta lucidità Gillo Dorfles (1986): "L'Italia è il paese che ha il maggior numero di riviste di architettura e di arredamento..., per tre quarti del tutto inutili. Confrontatele con riviste veramente serie, come ad esempio 'Architectural Review', nessuna è veramente all'altezza di (...) uno strumento d'informazione critica di architettura e disegno industriale"[96].

L'aspirante designer avrebbe assunto di fatto (al pari di autori non più esordienti, spinti dalla fase critica del settore a scelte analoghe), senza più il solido supporto produttivo di aziende, ruoli già propri dell'artista (o del decoratore). Nel 1987 un noto critico segnalava al riguardo[97] il diffondersi sul piano internazionale di mostre di design in Gallerie d'arte, e di una nuova attitudine (e abitudine) degli artisti a creare, invece, oggetti d'arredo. Citava l'esempio del Kunstmuseum di Düsseldorf, dove si era svolta durante quella primavera una mostra di 120 designer in gran

artists starting to produce design objects. He cited the example of the Kunstmuseum in Düsseldorf, where an exhibition had taken place in the spring of the same year featuring 120 designers, the majority of them young, who had produced artistic pieces. In this, and in the return of one-off or limited-edition production styles, he identified a clear trend against a brand of industrial production that had too often been meaningless and fleeting. This was, perhaps, a reflection of the more general "loss of shape" in daily life, which had already been pointed out by Italo Calvino. It had been Dorfles that noted that "the abandonment of the accepted, tried and tested framework of the top end of Italian production, designed by architects such as Zanuso, Castiglioni, (...) Bellini, Magistretti and others," had – with the advent and development of phenomena such as "Memphis" (1981) and "Alchimia" (1976)[99] and the success of those behind them – for some time "been exercising enormous influence over the mentality and interests of

countries such as England and the United States. On the one hand, this was positive, but on the other it was dangerous because it gave rise to a series of imitators producing 'less than acceptable' imitations"[100].

In 1971 ("the magnificent Seventies!"[101] to quote one architecture grandee, who was referring to what was a triumphant decade for Italian production), Toshiyuki Kita – having been contracted by Cassina – visited the factory one day and felt the urge to make some sketches of a prototype for an asymmetrical chair (in plastic, with a structure made from metal tubing) which was being made on the design of an Italian colleague. It was the work of Silvio Coppola, a brilliant designer external to the company and who would later be cut out due to personal issues. He never returned, despite being part of a thriving cultural association named Exhibition Design (alongside Giulio Confalonieri, Franco Grignani, Bruno Munari and Pino Tovaglia) which encapsulated the inventive, original and intellectually vibrant nature of Italian design

parte giovani, autori di manufatti di tipo artistico, scorgendo in ciò, e nel ritorno a forme di artigianato da "pezzo unico" o in pochi esemplari numerati, una precisa deliberata tendenza, alternativa a una produzione industriale troppo spesso priva di significato o di effimera durata. Forse riflesso, quest'ultima, della più generale "perdita di forma"[98] della vita quotidiana già preconizzata da Italo Calvino.

Era stato in precedenza lo stesso Dorfles a notare altresì come "l'abbandono di schemi ormai accettati e collaudati alla base della migliore produzione italiana di architetti quali Zanuso, Castiglioni, (…), Bellini, Magistretti e altri" avesse da tempo, con la nascita e lo sviluppo di fenomeni come "Memphis" (1981, nda) e "Alchimia" (1976, nda)[99] e l'affermazione dei loro promotori, esercitato "enorme presa sulla mentalità e sugli interessi di paesi come l'Inghilterra e gli Stati Uniti…, fatto da un lato positivo… dall'altro anche pericoloso perché ha dato luogo a una serie di epigoni… con imitazioni 'poco accettabili'"[100].

Ancora nel 1971 ("i magnifici settanta!"[101], aveva inneggiato uno storico dell'architettura, a esaltare un decennio trionfale per le produzioni nazionali) Toshiyuki Kita, ingaggiato da Cassina e di passaggio in sede nella fabbrica, aveva sentito l'impulso di ritrarre in propri studi grafici un prototipo di sedia asimmetrica (in plastica, a struttura tubolare metallica) realizzata su disegno di un collega italiano. Era un'opera di Silvio Coppola, all'epoca brillante progettista esterno dell'azienda, in seguito estromesso dalla collaborazione per vicende personali e uscito definitivamente di scena, nonostante avesse fatto parte, con Giulio Confalonieri, Franco Grignani, Bruno Munari, Pino Tovaglia di un esuberante sodalizio culturale denominato Exhibition Design) che ben compendiava per inventiva, originalità e vivacità intellettuale le caratteristiche peculiari del design nazionale coevo. Quest'ultimo occupa oggi nel mondo uno spazio meno importante che nel recente passato; il suo prestigio è ancora retaggio dell'opera di autori scomparsi o al culmine della carriera, mentre

at the time. Nowadays, Italian design occupies a less important space in the world than it did in the recent past. Credit for its prestige lays with designers who are either dead or at the peak of their careers, while talented young artists are not getting the chance to show what they can do within the current production system, with very few exceptions.

As has been shown here, up until little more than 20 years ago, the most well-known and advanced companies on the Italian peninsula offered tangible opportunities for designers who had good ideas (and who had earned degrees from Architecture departments where they had been taught by the great masters), providing them with the means and time necessary in the factory to turn their ideas into prototypes. This allowed the designers to build up experience in a professional setting. Magazines unrelated to the self-referential world of academia provided vital critical thought, providing a large audience of art lovers with updates on the best in production. "In the last 30 years,"[102] wrote Enzo Mari, "we have forgotten all of the keys to quality. Design has been reduced to an advertising tool to boost sales[103]." Meanwhile, industry has become nothing more than a supplier of short-lived consumer goods for specialist stores and retailers.

In Italy, the role historically played by industrial companies combining high-end artisanal traditions with innovation is irreplaceable. It is no coincidence that such companies have been able to produce culturally important models that have spread around the world, standing firm against the passing of time, indifferent to fleeting trends (figs. 174-180).

i giovani autori di talento, con pochissime eccezioni, non hanno ancora avuto l'opportunità di ottenere, nell'attuale sistema produttivo, sufficienti occasioni di prova. Come è stato qui messo in evidenza, sino a poco più di un ventennio fa le più note ed evolute aziende della penisola offrivano concrete occasioni nel campo del design a progettisti "portatori d'idee" (laureati in Facoltà di architettura dove insegnavano maestri), assicurando loro i mezzi e il tempo necessari alla più efficace traduzione, in fabbrica, delle proposte in prototipi; al punto da formarne, nel tempo, l'esperienza e la stessa vicenda professionale. Riviste coeve estranee a un'autoreferenzialità di stampo accademico svolgevano insostituibile funzione critica, trasmettendo anche a un pubblico più vasto di cultori delle arti una visione aggiornata della migliore produzione. "Negli ultimi trent'anni"[102] ha scritto Enzo Mari, "tutte le ragioni della qualità sono state dimenticate. Il design si è ridotto a essere lo strumento pubblicitario per la vendita"[103], mentre l'industria è diventata mera fornitrice di beni di consumo di effimera durata ai negozi di genere, distributori al dettaglio. Il ruolo storicamente svolto nel nostro paese da imprese industriali che univano elevata tradizione artigianale e capacità di rinnovamento è insostituibile. Non a caso esse hanno promosso e diffuso ovunque modelli di cultura e di civiltà che resistono nel tempo, indifferenti alle mode (figg. 174-180).

Patricia Urquiola, designer di fama e Art Director di Cassina dal 2016 decideva d'inserire "La Barca" (1975) come indicazione per il futuro alla mostra celebrativa del novantesimo anniversario dell'azienda (Fondazione Feltrinelli, Fuori Salone del Mobile 2017, 4-9 aprile).

In seguito agli incontri durante i quali ricostruiva con l'autrice le proprie esperienze nel Design, De Martini ha elaborato alcuni progetti chiamati Appunti per il futuro *(cfr. nota 1). Qui di seguito è illustrato* Appunti per il futuro 1.

Patricia Urquiola – the famous designer and Cassina's art director since 2016, decided to pick "La Barca" (1975) as a "marker for the future" in the exhibition commemorating the company's 90th anniversary (Fondazione Feltrinelli, Fuori Salone, Milan Furniture Fair 2017, 4-9 April).

After meetings in which de martini recounted his experiences in the world of design to the author, he produced a number of designs called Appunti per il futuro 1 *[notes for the future] (see note 1). Below is an illustration of* Appunti per il futuro 1.

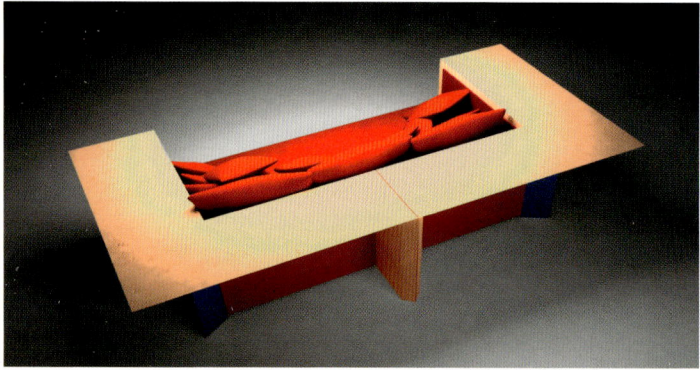

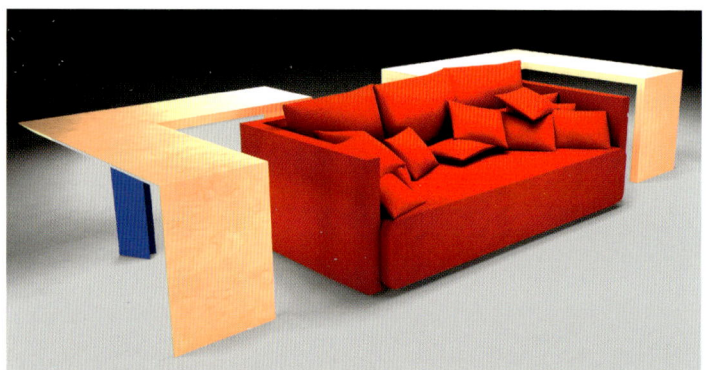

174-180. *Appunti per il futuro n. 1*, 2012 (rendering Giuliano Bora).

187

[1] Dopo aver ricostruito con l'autrice del testo monografico percorso e fasi della propria attività di designer, De Martini ha ripreso nel 2012 a ideare nuovi progetti, chiamati "appunti" perché rimasti allo stato di abbozzo e non proposti alla produzione. Si tratta di tavoli e sedie, solidi e leggeri e di *Appunti per il futuro n. 1*.
L'attività di musicologo procede tuttora. Dopo *Il Conservatorio delle Alpi* dedicato alla musica popolare, un piccolo volume autografo, *Mozart a Praga* (Bruno Mondadori, Milano 2013) ha ricostruito attraverso carteggi e altre fonti, con il corredo di un'accurata iconografia, quattro anni di soggiorno del maestro nella città mitteleuropea.
Nel successivo *Chopin, Le estati a Nohant* (Il Saggiatore, Milano 2016) De Martini ha indagato e illustrato l'ultima parte della vita e dell'attività musicale del compositore.
[2] Intervista a Franco Cassina in *Il pensiero di un produttore, Il grande numero*, "Ottagono" n.19, dicembre 1970.
[3] Piero De Martini (a cura di), *Il Conservatorio delle Alpi*, Milano 2009.
[4] Ib.
[5] Ib.
[6] Ib.
[7] Ib.
[8] Ib.
[9] Ib.
[10] Ib.
[11] Ib.
[12] Ib.
[13] Ib.
[14] Ib.
[15] Ib.
[16] William Shakespeare, *Re Lear*, in *Tragedie*, Milano 1976.
[17] Gillo Dorfles, *La plastica oggi, parole di un critico*, in "Ottagono" n. 7, gennaio 1967.
[18] Ib.
[19] Ib.
[20] Ib.
[21] Ib.
[22] Pier Carlo Santini, *Gli anni del Design italiano, il ritratto di Cesare Cassina*, Milano 1981.
[23] Ib., il testo di Santini ricordava in proposito come fosse stato decisivo per il perfezionamento del modello l'intervento di Fausto Redaelli.
Una parte di questa storia aziendale è stata ripresa in *L'indiscreto fascino del design. Breve storia del Design italiano dell'arredamento attraverso le esperienze di un imprenditore: Rodrigo Rodriquez*, Milano 2011.
[24] Da "Ottagono" n. 2, luglio 1966, il rapido travolgente *cursus honorum* dell'allora giovane progettista: Gianfranco Frattini, nato a Padova

[1] After working with the author of the monographic text to reconstruct his journey and the various phases of his life as a designer, in 2011 and 2012 De Martini began to work on new projects which he referred to as "notes", in that they never progressed from the draft phase to production. The sketches featured solid yet lightweight tables and chairs and *Appunti per il futuro n. 1*.
He is still an active musicologist to this day. After *Il Conservatorio delle Alpi*, on popular music, De Martini produced a short volume entitled *Mozart a Praga* (Bruno Mondadori, Milan, 2013) using correspondence and other sources, as well as accurate iconography, to reconstruct the great composer's four years in Prague.
Later, in *Chopin, Le estati a Nohant* (Il Saggiatore, Milan 2016), De Martini explored and illustrated the final part of the composer's musical activity and life.
[2] Interview with Franco Cassina in *Il pensiero di un produttore, Il grande numero*, "Ottagono" issue 19, December 1970.
[3] Piero De Martini (edited by), *Il Conservatorio delle Alpi*, Milan 2009.
[4] Ibid.
[5] Ibid.
[6] Ibid.
[7] Ibid.
[8] Ibid.
[9] Ibid.
[10] Ibid.
[11] Ibid.
[12] Ibid.
[13] Ibid.
[14] Ibid.
[15] Ibid.
[16] William Shakespeare, *King Lear*, in *Tragedies*, Milan 1976.
[17] Gillo Dorfles, *La plastica oggi, parole di un critico*, in "Ottagono" issue 7, January 1967.
[18] Ibid.
[19] Ibid.
[20] Ibid.
[21] Ibid.
[22] Pier Carlo Santini, *Gli anni del Design italiano, il ritratto di Cesare Cassina*, Milan 1981.
[23] Ibid., Santini also underlined how decisive the contribution of Fausto Redaelli was to the development of the model.
[24] Some of this part of the company's history was captured in *L'indiscreto fascino del design, Breve storia del Design italiano dell'arredamento attraverso le esperienze di un imprenditore: Rodrigo Rodriquez*, Milan 2011.

nel 1926. Laurea a Milano, 1953; segnalazione a Compasso d'Oro 1955-1956-1957; Medaglia d'Oro alla IX Triennale; Gran Premio alla X Triennale.

[25] Franco Cassina, in *Design, la fine di un mito?*, "Ottagono" n. 19, dicembre 1970.

[26] In *Le conversazioni di Natalia Aspesi*, "Ottagono" n. 13, aprile 1970.

[27] Ib.

[28] Ib.

[29] Ib.

[30] Ib.

[31] *Il sistema "La Barca" di Piero De Martini*, "Ottagono" n. 39, dicembre 1975.

[32] Una più estesa disamina e illustrazione del sistema "La Barca" e delle sue filiazioni è stata pubblicata nel n. 50 della rivista sopracitata, settembre 1978.

[33] Guido Ballo, *Aspetti dell'informale*, in "Ottagono" n. 22, settembre 1971.

[34] Ib.

[35] Piero De Martini, relazione al Convegno sul Design di Melbourne, organizzato dal Craft Council presso l'Università, 1986 circa.

[36] Ib.

[37] "Ottagono" n. 39, dicembre 1975.
Deyan Sedjic, direttore del Design Museum di Londra detiene nella sua abitazione privata – accanto a esemplari ormai classici come le sedie degli Eames e di Bertoja degli anni quaranta e alla chaise-longue di Le Corbusier e Charlotte Perriand degli anni venti del secolo scorso prodotta tuttora da Cassina - il tavolo da pranzo "La Barca" di Piero De Martini, prodotto e distribuito dal 1975 fino a oggi dallo stesso Cassina.

[38] Vanni Pasca, *Il Design italiano, elementi per una storia*, in Aa.Vv., *Made in Italy, 1951-2001*, Milano 2001.

[39] Ib.

[40] Ib,

[41] Giovanni Federico e Renzo Giannetti, *Le politiche industriali*, in *Storia d'Italia. L'industria, imprenditori e imprese*, vol. II, Torino 1999.

[42] Ib.

[43] Ib.

[44] Ib.

[45] Ib.

[46] Ib.

[47] Ib.

[48] Ib.

[49] Ib.

[50] Daniele Baroni, *Progetti senza destino*, "Ottagono" n. 47, dicembre 1977.

[51] Ib.

[52] Ib.

[53] Ib.

[54] Mario Bellini, *Speranza progettuale*, "Ottagono" n. 42, settembre 1976.

[25] From "Ottagono" issue 2, July 1966. The young designer Gianfranco Frattini quickly rose through the ranks. Born in Padua in 1926, he earned his degree in Milan in 1953, was nominated for the Compasso d'Oro in 1955, 1956 and 1957, won the Medaglia d'Oro at the IX Triennale and the Gran Premio at the X Triennale.
Franco Cassina, in *Design, la fine di un mito?*, "Ottagono" issue 19, December 1970.

[26] In *Le conversazioni di Natalia Aspesi*, "Ottagono" issue 13, April 1970.

[27] Ibid.

[28] Ibid.

[29] Ibid.

[30] Ibid.

[31] *Il sistema La Barca di Piero De Martini*, "Ottagono" issue 39, December 1975.

[32] A more detailed examination and illustration of the "La Barca" system and its offshoots was published in issue 50 of the same magazine in September 1978.

[33] Guido Ballo, *Aspetti dell'informale*, in "Ottagono" issue 22, September 1971

[34] Ibid.

[35] Piero De Martini, report to the Design Conference Melbourne, organized by Craft Council of the University, 1986 ca.

[36] Ibid.

[37] "Ottagono" issue 39, December 1975.
Deyan Sedjic, the director of the London Design Museum, has the "La Barca" dining table - designed by Piero De Martini and produced and distributed by Cassina since 1975 - in his home, alongside classic pieces such as chairs by Eames and Bertoja from the 1940s and the chaise longue designed by Le Corbusier and Charlotte Perriand in the 1920s and still produced by Cassina today.

[38] Vanni Pasca, *Il Design italiano, elementi per una storia*, in Aa.Vv., *Made in Italy, 1951-2001*, Milan 2001.

[39] Ibid.

[40] Ibid.

[41] Giovanni Federico and Renzo Giannetti, *Le politiche industriali*, in *Storia d'Italia. L'industria, imprenditori e imprese*, vol. II, Turin 1999.

[42] Ibid.

[43] Ibid.

[44] Ibid.

[45] Ibid.

[46] Ibid.

[47] Ibid.

[48] Ibid.

[49] Ibid.

[55] Ib.

[56] Ib.

[57] Ib.

[58] Ib.

[59] Guido Ballo, *Un dilemma: Biennale e Triennale sono proprio inutili?*, "Ottagono" n. 48, marzo 1978.

[60] Ib.

[61] Ib.

[62] Ib.

[63] Ib.

[64] Ib.

[65] Ib.

[66] Ib.

[67] Giovanni Klaus Koenig, *Oh!, i magnifici settanta!*, "Ottagono" n. 50, settembre 1978.

[68] *Il Design italiano degli anni Cinquanta*, in "Ottagono" n. 47, dicembre 1977.

[69] Ib.

[70] Ib.

[71] Ib.

[72] "Ottagono" n. 24, marzo 1972 così commentava: "Non ci sono più confini al diffondersi del Design italiano".

[73] *Nove tavolini per il Naviglio*, "Ottagono", n. 83, dicembre 1981.

[74] Pier Carlo Santini, cfr. nota 23.

[75] *Dal Giappone immagini di design*, "Ottagono" n. 59, dicembre 1980.

[76] Ib.

[77] Stefano Battilossi, *Annali*, vol. II di *Storia economica d'Italia* a cura di Pierluigi Ciocca e Gianni Toniolo, Bari 1999.

[78] Ib.

[79] Ib.

[80] Ib.

[81] "Ottagono" n. 68, marzo 1983.

[82] Ib.

[83] Ib.

[84] "Ottagono", n. 75, dicembre 1984.

[85] Manfredo Tafuri, *Design and Techological Utopia*, in *Italy: a new domestic landscape*, The Museum of Modern Art (MoMA) in collaborazione Con Centro D, Florence, s.d., ma risalente al 1972.

[86] Stefano Battilossi, cfr. nota 77.

[87] Istituto per la Promozione Industriale, Dipartimento Politiche per l'Industria, "Industria del legno e dell'arredo", s.d., ma elaborato nell'anno 2002.

[88] Ib.

[89] Geoffrey Wills, Daniele Baroni, Brunello Chiarelli, *Il mobile. Storia, progettisti, tipi e stlii*, Milano, 1983.

[90] Bari, 2007.

[91] Da: *Consuntivi annui dell'Ufficio Studi di Federlegno-Arredo, L'industria del legno e del mobile*.

[92] Ib.

[50] Daniele Baroni, *Progetti senza destino*, "Ottagono" issue 47, December 1977.

[51] Ibid.

[52] Ibid.

[53] Ibid.

[54] Mario Bellini, *Speranza progettuale*, "Ottagono" issue 42, September 1976.

[55] Ibid.

[56] Ibid.

[57] Ibid.

[58] Ibid.

[59] Guido Ballo, *Un dilemma: Biennale e Triennale sono proprio inutili?*, "Ottagono" issue 48, March 1978.

[60] Ibid.

[61] Ibid.

[62] Ibid.

[63] Ibid.

[64] Ibid.

[65] Ibid.

[66] Ibid.

[67] Giovanni Klaus Koenig, *Oh!, i magnifici settanta!*, "Ottagono" issue 50, September 1978.

[68] *Il Design italiano degli anni cinquanta*, in "Ottagono" issue 47, December 1977.

[69] Ibid.

[70] Ibid.

[71] Ibid.

[72] *There are no limits to the spread of Italian design*, "Ottagono" issue 24, March 1972.

[73] *Nove tavolini per il Naviglio*, "Ottagono" issue 83, December 1981.

[74] Pier Carlo Santini, see note 23.

[75] *Dal Giappone immagini di design*, "Ottagono" issue 59, December 1980.

[76] Ibid.

[77] Stefano Battilossi, *Annali, Storia economica d'Italia*, vol. 2, edited by Pierluigi Ciocca and Gianni Toniolo, Bari 1999.

[78] Ibid.

[79] Ibid.

[80] Ibid.

[81] "Ottagono" issue 68, March 1983.

[82] Ibid.

[83] Ibid.

[84] "Ottagono" issue 75, December 1984.

[85] Manfredo Tafuri, *Design and Techological Utopia*, in *Italy: a new domestic landscape*, The Museum of Modern Art (MoMA) in collaboration with Centro D, Florence, undated but approx. 1972.

[86] Stefano Battilossi, see note 77.

[87] Institue for Industrial Promotion, Department of

[93] Ib.

[94] Ib.

[95] Ib.

[96] Gillo Dorfles, *Oggetto e ambiente*, *Critica al design*, colloquio con Gillo Dorfles e Vanni Pasca, 1972, "Ottagono" n. 81, giugno 1986.

[97] Vanni Pasca, *Progetto e paradigmi culturali*, arte e design, "Ottagono" n. 84, 1987.

[98] Italo Calvino, *Lezioni americane*, Torino, 1988.

[99] Gillo Dorfles, cfr. nota 96.

[100] Ib.

[101] Giovanni Klaus Koenig, cfr. nota 67.

[102] Enzo Mari, *Quel gruppetto di architetti e imprenditori che inventò un bellissimo artigianato*, in "La Domenica della Repubblica", 26 settembre 2010.

[103] Ib.

Industrial Policy, *Industria del legno e dell'arredo*, undated but produced in 2002.

[88] Ibid.

[89] Geoffrey Wills, Daniele Baroni, Brunello Chiarelli, *Il mobile. Storia, progettisti, tipi e stili*, Milan 1983.

[90] Bari, 2007.

[91] From: *Consuntivi annui dell'Ufficio Studi di Federlegno-Arredo. L'industria del legno e del mobile.*

[92] Ibid.

[93] Ibid.

[94] Ibid.

[95] Ibid.

[96] Gillo Dorfles, *Oggetto e ambiente*, *Critica al design*, interview with Gillo Dorfles and Vanni Pasca, 1972, "Ottagono" issue 81, June 1986.

[97] Vanni Pasca, *Progetto e paradigmi culturali. Arte e design*, "Ottagono" issue 84, 1987.

[98] Italo Calvino, *Lezioni americane*, Turin 1988.

[99] Gillo Dorfles, see note 96.

[100] Ib.

[101] Giovanni Klaus Koenig, see note 67.

[102] Enzo Mari, *Quel gruppetto di architetti e imprenditori che inventò un bellissimo artigianato*, in "La Domenica della Repubblica", 26 September 2010.

[103] Ib.

In copertina / Cover
Piero De Martini, studi grafici,
configurazioni del sistema "La Barca" /
graphic studies on the "La Barca"
system configuration,1975

Silvana Editoriale

Direzione editoriale / Direction
Dario Cimorelli

Art Director
Giacomo Merli

Coordinamento editoriale / Editorial Coordinator
Sergio Di Stefano

Redazione / Copy Editor
Lorena Ansani, Teresa O'Connell

Impaginazione / Layout
Denise Castelnovo

Traduzioni / Translations
Trans-Edit Group, Milano

Coordinamento di produzione / Production Coordinator
Antonio Micelli

Segreteria di redazione / Editorial Assistant
Ondina Granato

Ufficio iconografico / Photo Editor
Alessandra Olivari, Silvia Sala

Ufficio stampa / Press Office
Lidia Masolini, press@silvanaeditoriale.it

Silvana Editoriale S.p.A.
via dei Lavoratori, 78
20092 Cinisello Balsamo, Milano
tel. 02 453 951 01
fax 02 453 951 51
www.silvanaeditoriale.it

Le riproduzioni, la stampa e la rilegatura
sono state eseguite in Italia
Reproductions, printing and binding in Italy
Stampato da / Printed by Modulgrafica Forlivese
Finito di stampare nel mese di dicembre 2017
Printed December 2017